生徒全員の学びを保障する

4コの字型机配置＋4人グループ学習

東京都江戸川区立二之江中学校 編著

明治図書

はじめに

東京都江戸川区立二之江中学校長　内野　雅晶

　江戸川区立二之江中学校は，平成18（2005）年度に，コの字型机配置と4人グループ学習に象徴される「学びの共同体」「協同学習（collaborative learning）」に取り組み始めました。今年度（平成27年度）は実施10年目の節目の年に当たります。

　この10年の間，4人の校長がこの取り組みを学校経営の柱としてきました。当初，この実践に取り組んだきっかけは，困難な状況にあった生徒指導への対応で，この取り組みの目的は，生徒たち全員の学びを保障することでした。
　コの字型机配置と4人グループ学習の取り組みには，学校経営上様々な効果があります。学習指導だけでなく，生徒同士の良好な人間関係の形成にも効果があることを，教職員は学級指導等を通じて実感しています。

　一方で，決して学校経営の万能薬であるかのようにとらえてはいけないとも考えています。
　50分の授業が日に6時間あり，生徒にとって協同学習に身を置く時間は学校生活全体において相当の割合を占め，生徒の生活態度によい影響を及ぼしていることは確かです。しかし，生徒指導の基本的な考え方や対応についての方針等はきちんと定める必要があります。また，キャリア教育に積極的に取り組んだり，発達障害のある生徒に対する適切な対処について認識を深めたりするために，専門的な内容の研修会をこの取り組みと同様に設定していかなければなりません。
　本校の取り組みの特色は，その目的が純粋に生徒の学びの保障にあることはすでに述べたとおりですが，教科を超えた授業研究を教科担任制の中学校

において，定例的に行えていることに大きな価値があると考えています。年3回の全体研修会，学年ごとに年8回行われるビデオ授業検討会の実施によって年間27人の教職員が研究授業を行っています。また，年間10人ほどの教職員が先進校を視察訪問しています。そのどれもが日々の授業がよりよいものになるようにとの一念で行われ，そこには研究を柱とする教職員の同僚性が生まれています。

　生徒にとって，4人グループ学習は，授業中に「わからない」という気持ちを言葉で表すことができる点に価値があります。ある教科でのつまずきは，速やかに修復しなければ，他教科も含めた学習全体のモチベーションを下げてしまいかねないからです。
　一般的に校内研究の主題に「わかる授業の追究」を設定することが多いものですが，生徒の「わからない」「理解できない」という現実に対し，どれだけ実際的な対処ができているか疑問に感じることがあります。一方，4人グループ学習における生徒たちの合言葉は，「ねぇ，ここどうするの？」と「分からないから，教えて」です。生徒にとってこの言葉を日常的に用いることが，学びの保障の出発点になっています。
　また，すべての授業が基本的にコの字型机配置及び4人グループ学習で行われるメリットとして，50分の授業展開のプロセスに共通性があるということがあげられます。生徒はそのプロセスになじみ，教師はその特徴を生かして授業を展開することにより，理解を深めやすい授業をつくることができます。
　本校では年3回標語コンクールを行っていますが，最近の受賞標語が『「教えて」と聞けば深まる知識と理解』であることからも，協同学習のメリットを生徒たち自身も実感しているものと考えています。

　さて，本校の実践の成果についてですが，特徴的な点として，まず生徒の学習意欲の向上が上げられます。

全国学力・学習状況調査の生徒質問紙調査では，「学習習慣」「言語活動」「読解力」「数学への関心」において，本校は全国や東京都の基準を上回っています。今後は国や都と比較するうえで，教科の正答率のみに着目するのではなく，基礎的・基本的事項の定着状況等を検証していきたいと考えています。

　また，卒業後の進路の状況については，都立高校の合格状況において，特に下位層の生徒では，基礎的問題の着実な得点が志望校の合格につながっていると分析しています。結果的に，生徒にとって不本意な進路決定が少ない点も成果であると言えます。

　また，保護者や地域からの学校に対する信頼が確実に向上しました。その一例が入学生徒の増加です。

　江戸川区は，学校選択制を定員枠の一部に取り入れています。本校では，生徒の生活態度等が影響したためか，本校に入学すべき児童が他の中学校に入学する傾向が見られた時期があります。そのため，平成18（2005）年度には生徒数が400人台にまで減少しました。しかし，その後，この取り組みを進めていく中で毎年生徒が増加し続け，平成27（2015）年度には771名に達し，余裕教室はなくなってしまいました。特別支援学級も入れた学級数は24となり，東京23区内では第2位（全都では第5位）の大規模校になりました。現在，本校は学区域外からの生徒の受け入れを不可とせざるを得ない状況が続いています。つまり，学区域の児童が他の中学校を選択せず，本校に入学しているわけです。

　教員の人事異動が3～6年で行われており，その入れ替わりのペースは速いと言えます。ここでは，管理職の異動に関して，私自身が本校に着任した当時を振り返って述べてみたいと思います。

　平成25年3月末に本校への異動が内示され，学校経営方針等の作成に思いを巡らし4月を迎えました。公立中学校の学校経営には一定事項においては

共通性があり，この点に関しては経営ビジョンを描くことができます。しかし，本校が実践しているこの取り組みは，学校経営の根幹をなすものであり，自身の教育ビジョンとの折り合いを見いだすことにおいて，学校経営方針の作成に苦慮したことを思い出します。
　それでは，校長の教育ビジョンや独自性が発揮できていないと思われるかもしれませんが，私はそうは思いません。この取り組みは，基礎的・基本的学力の確実な定着，そして確かな学力の保障をねらうものであり，このねらいはすべての中学校に共通するものです。本校の場合は，その手法がこの取り組みであるということに過ぎません。したがって，校長は年度ごとに変わる教員組織の変化に対して，導入当初に掲げた教職員間の共通理解を，ぶれることなく維持発展させていくことにマネジメントの力点を置く必要があると考えています。

　先に，保護者や地域からの学校に対する信頼の向上について述べましたが，保護者への説明は常にていねいに行う必要があると考えています。
　例えば，学校選択制を導入しているので，入学前の6年生児童やその保護者に対しては，十分な説明を行わなければなりません。保護者にとって，中学校の教育方針は学校を選択するうえで重要な要素です。本区では区内各中学校が概ね9月頃に6年生保護者を対象に学校説明会を実施しています。本校も，コの字型机配置や4人グループ学習という学習形態について，十分に時間を割いて説明を行っています。また，体験入学では，実際にコの字型机配置と4人グループ学習による授業を設定しています。決して一般的とは言えない授業方式を実施する以上，前もって十分な説明を行うことが必要であると考えるからです。
　また，入学後の学級懇談会を，コの字型机配置の教室で実際にお子さんの席に着席する設定で行うこともあります。
　これからこのような取り組みを導入されることを検討されている学校では，在校生の保護者及び生徒への説明に十分留意されることをおすすめします。

もしくは，新入生の学年から実践を始め，段階的に拡充して全校体制につなげていくという方法もあります。

　10年が経過したこの取り組みですが，質的な維持・向上を図っていくために，毎年毎年が真剣勝負です。また，生徒の実態も様々であるため，工夫を重ね取り組んでいます。
　さらに，この取り組みをより深めていくために，本校と同様の取り組みを行っている学校を今後も訪問させていただき，学ばせていただきたいと考えています。そして，本校の取り組みに関心をおもちの皆様には，ぜひご来校いただき，実際に授業を見て忌憚のないご意見を頂戴できれば幸いです。

CONTENTS
もくじ

はじめに

第1章
生徒全員の学びを保障する コの字型机配置 ＋4人グループ学習

❶どうすれば生徒はまじめに授業に取り組むのか 12
❷コの字型机配置とは？ 15
❸4人グループ学習とは？ 19
❹生徒全員の学びを保障するための校内研修 27
❺生徒全員の学びを保障するための日々の授業改善 32

第2章

生徒全員の学びを保障するコの字型机配置 ＋4人グループ学習の実践事例

擬音語と擬態語の違いを考えよう！ ……………………………… 42
【1年・国語・『オツベルと象』（宮沢賢治）】

「情けなし」という言葉が発せられた理由を考えよう！ ……… 46
【2年・国語・「扇の的」（『平家物語』）】

筆者の問題提起をとらえよう！ …………………………………… 50
【3年・国語・「『新しい博物学』の時代」（池内了）】

割りばしの本数の求め方を考えよう！ …………………………… 54
【1年・数学・文字と式】

いろいろな点を回転の中心として回転させよう！ ……………… 58
【1年・数学・平面図形】

たしてもひいても文字が消えない連立方程式を解こう！ …… 62
【2年・数学・連立方程式】

共通因数を見つけ出そう！ ………………………………………… 66
【3年・数学・多項式】

世界の国々の人物になって自己紹介をし合おう！ ……………… 70
【1年・英語・自己紹介をしよう】

聞く力と一緒に，書く力，話す力も伸ばそう！ ………………… 74
【2年・英語・イベントの案内を聞こう】

新垣さんの紹介文を書いてみよう！ ……………………………… 78
【2年・英語・Try to Be the Only One】

2つの4人グループでディベートをしよう！ …………………… 82
【3年・英語・For or Against（ディベート）】

いろいろな向きから大陸，海洋をとらえよう！ ……………… 86
【1年・社会・大陸と海洋の分布】

明治の三大改革が人々に与えた影響について考えよう！ ……… 90
【2年・社会・明治維新の三大改革】

欧米諸国がどのような行動を起こしたのか追究しよう！ ……… 94
【3年・社会・欧米諸国のアジア侵略】

カルメ焼き，ホットケーキで見られる穴の正体を探ろう！ ……… 98
【2年・理科・化学変化と原子・分子】

だ液のはたらきを調べよう！ ……………………………… 102
【2年・理科・消化と吸収】

月がいつ，どの方位に見えるのかを考えよう！ ……………… 106
【3年・理科・月の運動と見え方】

透明で強度の高い素材の正体を探ろう！ ……………………… 110
【2年・技術・材料と加工に関する技術】

梨の皮剝き大会にチャレンジしよう！ ………………………… 114
【2年・家庭・調理と食文化】

課題曲のイメージを考えよう！ ………………………………… 118
【3年・音楽・合唱で伝えたいイメージ】

どんなデザインとも調和する文字を探そう！ ………………… 122
【1年・美術・文字とデザイン】

互いの技を確認し，助言し合おう！ …………………………… 126
【1年・保健体育・剣道】

おわりに

第1章

生徒全員の学びを保障する コの字型机配置 ＋4人グループ学習

「コの字型机配置＋4人グループ学習」とは何か。

それは，文字通り，机をコの字型に並べた座席配置と，4人で取り組むグループ学習を組み合わせた学習形態です。はじめてこの学習形態を目の当たりにすると，生徒が前を向いていないこと，そして教師主導ではなく生徒の考えや意見，発想やつぶやきをベースにした授業であることに戸惑う方が少なくありません。

江戸川区立二之江中学校では平成18（2005）年度から「コの字型机配置＋4人グループ学習」を全校体制で取り組んできました。

本章では，二之江中学校が取り組んできた校内研修の歩みに基づいて，この「コの字型机配置＋4人グループ学習」について紹介します。

❶どうすれば生徒はまじめに授業に取り組むのか

教育界でよく耳にする「教室は間違うところだ」という1つの理想。

ところが，それまでの筆者の経験と同様，この取り組みを始める前の二之江中学校も，この理想にはほど遠く，実態はなかなか厳しいものでした。

生徒は，間違うことを嫌い，はずかしい思いをすることを避けます。進んで発言せず，教師が問いかけても「わかりません」と答える生徒。本当にわからないのか，わかっていてもあえて答えないのかは定かではありませんが，学習の進度を保つために，どうしても授業は教師主導にならざるを得ませんでした。

しかし，当時の二之江中学校の置かれている状況は厳しく，このような授業には限界があり，立ち歩く生徒や授業をエスケープする生徒，授業前のあいさつからすでに寝ている生徒が少なくない状況でした。怒ると恐い先生以外の授業は，とても規律ある授業と言えるものではなかったのです。

「どうすれば生徒はまじめに授業に取り組むのだろうか」

これが，この取り組みをスタートさせる原点でした。

では，生徒がまじめに授業に取り組むことができない原因とは，どんなものだったのでしょうか。

わからないから取り組まない

わからないからちゃんと受けない。
わからないから参加のしようがない。
わからないから授業を聞いたって意味がない。
ごく単純な理由ですが，この取り組みを始めた当時の二之江中学校では，**「わからない」ことがまじめに授業を受けることができない大きな要因になっていました。**

そこで，同じ教科書の内容でも生徒が興味をもつようにかみ砕いて伝えてみたり，4人グループ学習での「作業」を通した展開にしてみたり，具体的な「モノ」を見せて（二之江中学校では「モノとの出会い」と呼んでいます）自分たちで解いてみたいという授業の前段階の意識づけを用意したり，といったことを始めました。そして後に，**「難しい内容ほど，シンプルな形で伝えよう」**という1つの方向性ができ上がりました。

簡単すぎるから取り組まない

これは，教師が問いかける内容が生徒の意欲とかみ合っていない場合に見られました。題材を示し話し合いを促しても，学び合いにならない。それどころか，余計なおしゃべりが始まる。

突き詰めていくと，これは**仲間と学び合う必要もないほど簡単な問題を教師が与えてしまっている**ことに原因があるということが見えてきました。

難しすぎるから取り組まない

　易しすぎてもダメですが，逆に取り組んでみたいけれど難しすぎるという場合も授業に参加できない生徒が出てきてしまいます。

　後に，ハイレベルな問題（二之江中学校では「ジャンプ課題」と呼んでいます）であればあるほど，その前のヒントとなる引き出し（二之江中学校では「踏み台」と呼んでいます）を十分に用意し，**生徒の実態をよく把握したうえで「では，これならどうかな？」と小出しに与えることが重要**であると学びました。

　そして，これらの原因を分析した結果たどり着いたのが，**「コの字型机配置＋4人グループ学習」による学び合いの授業**だったのです。

❷ コの字型机配置とは？

おしゃべりが増えることをプラスにとらえる

　「コの字型机配置」とは，下の写真のように，生徒の机を教室内全体で向かい合うようにコの字型にする座席配置です。

　この座席配置を取り入れることを考えたとき，一番に思い浮かぶ疑問があります。それは，**「向かい合うことでおしゃべりが増え，これまで以上に授業が騒がしくなるのでは？」**という疑問です。

確かに,「おしゃべりが増えることで授業が騒がしくなる」ととらえると,マイナスイメージが前面に出てきます。しかし,**「おしゃべりが増えることで授業に活気が出る」**と見ることはできないでしょうか。
　通常の前を向いた形の一斉授業では,教師が投げかけた発問に対する返答の相手は教師であることがほとんどですが,**向かい合う形で座っている生徒の返答は不特定の相手になります。**
　「なぜこうなるんだろう？」
と問いかけ,それに対して生徒がつぶやく。
　そのつぶやきを見逃さず,
　「今つぶやいたことを,もう一度あなたの言葉でみんなに伝えてくれる？」
と全体に拡げさせるわけです。
　「どうしてそう思ったの？」
　「それはどこからの情報（教科書や資料集の何ページ）なの？」
などと問いかけて生徒に語らせるだけでも,教師の説明とは違う自分たちの仲間の言葉に,聞いている生徒もよく反応するものです。
　仮に教師に対する返答であったときには,教師の側でそれを全体,あるいは別の生徒へ問い返してもよいでしょう。
　「今の〇〇くんの考え,どう思う？」
と戻すのです。
　通常の「問い—返答」の1往復（1対1）ではなく,**「問い—返答—戻し」で1往復半（1対多数）のやり取りをする**のです。教室の雰囲気として全員がわからないというときには,かみ砕いた形で伝え直します。そして,「あっ」とわかったことを口にする生徒や,うなずいている生徒を指名し,展開を試みます。

教室全体に安心して発言できる雰囲気をつくっていく

　授業に参加できていない生徒については,仮に指名をしても,答えられな

い場合が少なくありません。
　そのようなときには，まず隣の生徒を指名し，「もしかしたら自分に来るかもしれない」と意識させておいてから問いかけます。
　その際，前述のように，
「今の〇〇くんの考え，どう思う？」
と問いかけるのはよいのですが，**「いいと思う」「違うと思う」という一言だけでなく，少しでもその生徒の言葉で語らせることが大事**です。どんな状況であっても，自分の考えを述べることができ，それを仲間も先生も認めてくれたということで自信がつき，次も答えてみようと思えるようになるからです。したがって教師は，絶対にはずかしい思いをさせないように生徒の発言をフォローし，教室全体に安心して発言できる雰囲気をつくっていく必要があります。これは短時間でできることではなく，毎時間・各教科の教師が継続的に取り組んでいくべきことです。

　このように，試行錯誤しながらコの字型机配置での学習に取り組んでいると，生徒から様々な反応が見られるようになりました。
　例えば，学期ごとに行っている生徒へのアンケートの回答には「友だちの意見が今までよりもよく聞けるから，他者の意見をよく聞くようになった」「友だちの意見との違いを考えるようになった」といったものがありました。中には「みんなが勉強しているのが見えるし，みんなが自分を見ているからがんばらなきゃいけないと思える」「みんなが見ているから寝られない…」といったものもありました。

　また，コの字型机配置では，**コの字型の内側の空いている部分（二之江中では「花道」と呼んでいます）で「モノ」を見せることで，どの生徒にも見やすく示すことができます**。通常の全員前を向いた状態では，黒板の前で見せると，後ろの方の生徒がよく見えないということが少なくありません。コの字型机配置はこのような問題を回避する役割も果たしているのです。

写真中央のスペースが「花道」

❸ 4人グループ学習とは？

4人グループ学習の基本

　文字通り，4人を基本としたグループ学習です。
　4人グループのつくり方は，下の写真のように**男女各2名が「市松模様」になる（男子同士，女子同士が対角線上に位置する）**ことを基本とします。

　また，**他のグループとは原則かかわりをもてない**ようにし，「4人のコミュニティで課題に取り組んでいこう」という連帯感が生まれるようにします。

そして４人グループの編成は，すべてくじ引きで決めるという点も，学校全体での取り決めとしました。グループ編成の仕方には，このほかに，担任が意図的に決める，班長や学級のリーダーを中心に話し合って決める，といった方法も考えられますが，「偶然集まった４人がつくる小さな社会」で取り組むことに大きな意味があると考えました。「社会に出ると，気の合う仲間と共に仕事ができるとは限らない。気の合わない同僚とうまくつき合わないといけないときもある。今は，そのときに向けたトレーニングでもある。わりきってつき合う，学び合って高め合うことを考えよう。たった４人の小さな社会だから…」と生徒には伝えました。

４人グループ学習の理念

　私たちは，４人グループ個々の学力が底上げされることで，結果として学級全体の学力も底上げされていくと考えました。そのためには，生徒の「行動」が不可欠でした。ここでいう行動とは，わからないことをわかろうとすることです。そこで，
　「ねぇ，ここどうするの？」
　「分からないから，教えて」
という合い言葉を全教室に掲示しました（この合い言葉は，筆者がはじめて実践推進校の視察に行った熱海市立多賀中学校で感銘を受けてもち帰ったものです）。
　この合い言葉を通して「わからないのなら他人に依存してでもわかろう。わからないままの自分でいてはいけない。わからないことがはずかしいのではなく，わからないままでいることの方がはずかしいのだ」という意識を育てるようにしました。
　このような教師の認識や生徒の意識づけにより，取り組み当初から，「教えてあげようか」というような上から目線の発言，「こんなのもわからないの？」というような侮辱，尋ねられても教えないような態度は厳しく指導し

てきました。どんな仲間であれお互い様の場面は多くあること、そして何より自分を頼って勇気を出して聞いてきた仲間に責任をもって説明することを大切にしたのです。このような意味でも「教え合い」ではなく「学び合い」なのだと伝えてきました。

このような理念に対して、保護者アンケートで「勉強が苦手な生徒にはいい取り組みだけど、得意な生徒には物足りない不十分な取り組みではないか」と指摘されたこともありましたが、**「自分がわかっていることを他者に伝えられることでより確かな自分の知識となるものです」**とていねいに説明し、理解を求めました。

4人グループ学習の使い方

4人グループ学習の使い方について、二之江中学校ではきまりのようなものは設けませんでした。あえてパターン化することなく、それぞれの授業者のセンスで使うようにしました。これは、教科の特性や授業の単元などによってパターン化することは難しいものであり、ある種の危険性もあると考えたからです。

もちろん、「このような場面で4人グループ学習を取り入れてみましょう」という検討はしました。例えば、**教科書の「問」、ジャンプ（発展）課題、作業を伴うような課題、生徒のつぶやきの検証**などです。

いずれにしても、学び合いが生まれるような課題をコの字型机配置で示し、生徒が「解いてみたい」「これは何だろう」「どうやって解くのだろうか…」

と感じ，他者に依存する必要性が高まったと教師が判断したタイミングで4人グループ学習へと移行します。したがって，**まず大切なのは「解いてみたい」という気持ちが生じるような課題を与えること**です。内容が十分に伝わっていない，簡単すぎる，難しすぎる…といったことがあると，4人グループ学習は形骸化してしまいます。

4人グループ学習における学力の偏り

　4人グループ学習で注意すべき点の1つとして，グループ編成が偶然であることによる学力の偏りがあげられます。

　集まったメンバーによっては，学力の高いグループとそうではないグループができることがあります。4人のうち1人だけ学力が高く，残りはそうではない，ということも多々あります。

　二之江中学校でも，はじめのうちはこのような状況に抵抗感がありましたが，4人グループ学習が目指す本質には大きな影響がないことを後から少しずつ理解できるようになりました。

　例えば，4人グループ学習では，時として大逆転が起きます。すなわち，**学力が高い生徒よりも，学力が低い生徒が活躍する可能性が隠れている**ということです。

　4人グループでの課題のタイプはいろいろなものが考えられますが，ありきたりではない課題のときは，むしろ普段は勉強が苦手な生徒の方が重要なことをつぶやいたり，直感的な考え方を示してくれたりすることが少なくありません。授業を妨害したり邪魔したりしていた生徒が，課題や授業の展開次第で主役にもなれる。4人グループ学習はそんな可能性をもっているということがわかりました。

　とはいえ，問題が解決できない，学び合いが成立しないというグループはどうしても出てきてしまいます。

そのような場合の１つの対応策として，**「出張」**という制度を認めました。４人のグループでどうしても解決できない場合は，**グループの代表１名が他のグループに出張して解決の糸口を聞き，それを自分のグループに還元する**というものです。出張する際は１名であること，グループに還元をすることの２つを絶対のルールとし，教師の許可を取る，取らないは授業者各自の判断としました。

人間関係づくりが苦手な生徒への支援

　人間関係づくりが苦手な生徒が４人グループ学習を難しく感じている様子も見られました。
　このような生徒はグループの中で孤立してしまいがちですが，こういった問題は生徒だけでの解決はなかなか難しいものです。そこで，教師が積極的にかかわり，学びに加われるまで見届けるというケアが求められました。

具体的には，**グループの中でかかわれない生徒を特定の生徒とつなげていきます**。
　「あなたが困っているところは，○○くんが気づいているみたいだけど，ちょっと聞いてみようか？」
などと声をかけ，つなぐ対象となる○○くんにも，
　「△△さんが困っているみたいだから，少し説明してもらえるかな？」
と伝えます。ここで終わりではなく，△△さんがつぶやき，○○くんとつながるまでその場で見届けます。一度ではできない場合でも，できるまでそっとそばにいるようにします。
　はじめのうちは時間がかかってしまうことも事実ですが，このような手間をくり返すことで，全体としてよい雰囲気がつくられていくことを，実践を通して実感することができました。

学び合いを誘発する働きかけ

　4人グループ学習では，学び合いを誘発するような働きかけを教師が積極的に行うことも重要です。
　例えば，各グループで試行錯誤している中，あるグループが解決のきっかけに気がついたり，解決をしたときに，
　「このグループは気がついたねぇ…」
などと何気なく紹介します。
　課題を解くことは決して競争ではありませんが，**仲間が気づいたことで一気にやる気にスイッチが入るときがあります**。そうすると，すぐに出張して聞きに行くグループもあれば，粘り強く自分たちで解決をしたいというグループも出てきます。教師はそれらを見届ける立場です。きっかけややろうという気持ちさえ提供すればよいということです。

4人グループ学習と時間

　4人グループ学習は，まずは自分の考えや意見をもった（もとうとした）うえで，それをすり合わせたり深めたりする場としてとらえる必要があります。したがって，「自分はこう思う。でも，仲間はどう思うんだろう」と**聞いてみたいと思う前の時間を確保することが大切**です。それが数秒なのか，数分なのかは課題にもよるので，その時々の授業者の見極め次第になります。

　4人グループ学習を切り上げる（コの字型机配置に戻す）タイミングも，難しい問題です。筆者もスーパーバイザーの佐藤雅彰先生に多くを尋ね，アドバイスをいただきましたが，わかりやすいタイミングとしては**「余計なおしゃべりが発生したとき」**があげられます。余計なおしゃべりの背景には，解き終わった，解けない or わからない，興味がない，といった状況があります。そんな状況でむだに時間を費やすことをせず，ぱっと切り上げるのです。

また，すべてのグループが解き終わるのを待っていては時間が足りないので，後ろ髪を引かれる思いでコの字型へと戻すこともあります。その場合には，**戻してからの「つなぎ」で全体の理解を図ります。**
　逆に，どんなに時間をかけてでも全部のグループに解かせたいというときは，**早くできたグループへのさらなる課題を用意する必要があります。**
　「これはできたんだね。では，もしここがこうなったらどうだろう？」
　「これらに何か規則性のようなものはある？」
　「同じようなことが言える他のものは何かある？」
といった具合で課題を追加し，学びの継続を促します。

４人グループ学習がもつ「即時性」

　二之江中学校の実践でこんな場面がありました。
　どうしても授業に参加できず，立ち歩いたり，授業を妨害したりする生徒が，ある英語の授業の４人グループ学習で，同じグループの仲間に，
　「『天気が雨』ってどう言うんだよ〜？」
と尋ねたのです。尋ねられた生徒も，思いもよらない相手からの質問だけに戸惑いこそ見られましたが，それでも笑顔で答えていました。
　この生徒に限らず，口では「オレはバカだし」とか「どうせ高校なんか行かないし」と言っている生徒でも，教室にいるからにはわかりたいし，勉強もできるようになりたいと思っています。
　こういった生徒には，**わからないことはすぐに知りたいという傾向があります。**しかし，全員が前を向いている一斉授業では聞くタイミングがない，もしくはごく限られており，手をあげて聞けるのはごく一部の生徒です。
　だからこそ，すぐに友だちに尋ねられる４人グループ学習は，こういった生徒にとってしっくりくる学習形態であると言えます。もちろん，答えに当たることを安易に尋ねない，といったルールは必要ですが，このような「即時性」は，４人グループ学習の大きな特長であると言えます。

❹生徒全員の学びを保障するための校内研修

多岐に渡る研修計画

　二之江中学校では10年間変わらない「生徒全員の学びを保障する授業」という目標のもと，中テーマとして「活動的・協同的・表現的な学びを求める授業への改革」を，小テーマとして「言語活動の充実」や「学びの質を高める」等を設定し，江戸川区の教育課題実践推進校の指定を受けながら学校改革に取り組んできました。

　取り組み当初から，単年度の計画ではなく，３年間計画として毎年の更新をしてきました。計画は当時の学習進路主任である山口孝先生（現江戸川区立瑞江第二中学校長）が中心となり作成をしました。この計画は，**授業形態から教室環境の整備に至るまで，多岐に渡るもの**でした。次ページの表のように，「コの字型机配置＋４人グループ学習」もこの計画の中に位置づけられています。

　技術・指導面では，全教員が年１回の授業公開をすることを中心とし，年３回の全体研修会と年８回程度の学年授業検討会を行いました。全体研修会では，多くの教科がバランスよく回るように，そして特定の学年に偏らないようにローテーションをしました。集中授業を行う学年の１クラス以外は生徒を下校させ，全教員が１つの授業を見るようにしました。

　集中授業後は授業検討会を行います。この検討会は，よくある「お疲れさまでした」という雰囲気のものではなく，教科・学年を超えて生徒の実態，事実についてのみ意見を交換し合うものでした。ある一瞬に見せた生徒の表

二之江中学校の課題取り組み　2／3年計画　　研究推進委員会　2008/1/30

	課題		具体策	担当	進捗状況
学習	授業改善	「コの字型机配置」「4人（小）グループ学習」「（学年）授業検討会」	①昨年同様に実施する。（別紙）	学進、研推	済み
			②年度当初に、「コの字」と「4人グループ」の机の位置を、それぞれ黒と赤でマークする。	学年	済み
			③今後の課題 「上手く授業に参加できない子どもへの教師のかかわり方」 「ジャンプのある授業」 「つながり・交わり・戻しの研究」	学進、研推	済み
			④講師の先生にも、授業形態の要望をする。	校長、副校長、学進	継続中
			⑤オリエンテーションの実施（全校対象）	学進	済み
	「基礎学力づくり」のための仕組みづくり	授業と補習体制	①補充教室（定期考前）を、1～3日程度実施する。	学年	済み
			②朝学習は、基本的に数学を「4人グループ学習」で実施する。	学習進路・学年	継続中
			③選択教科　数学基礎コースの充実	数学科、学習進路	済み
			④選択教科　数学基礎コース受講の勧め	学習進路、学年	済み
			⑤数学基礎コースへの「教育ボランティア」の導入	校長、副校長、学進	済み
			⑥漢字、英単語、計算のまとめテストの実施（各学期各教科1～2回）	学年、教科	実施中
			⑦学力テストの実施（1年生・年2回、2年生・年3回、3年生・年4回）	学習進路	実施中
			⑧補助教員の導入	校長、副校長	募集中
			⑨選択数学基礎コースの教材開発	数学科	今年度検討作成中
		家庭学習への取り組み	①「家庭学習キャンペーン週間」の実施 "励ましの言葉"を学習計画表に添える。	学習進路	済み
			②「学習の記録」の冊子化	学習進路	今年度検討中止
			③漢字、英単語の毎日の宿題	学進、学年、教科	済み
			④宿題ノート（A4版）各学年2冊購入	学年	済み
	教室環境の整備		①カバンの置き場所の設置	学習進路、庶務	済み
			②素通しガラスの増設	学習進路、庶務	予算検討中
			③教室壁面のクロス貼り	学習進路、庶務	済み
			④掲示物の掲示（全教室）「分からないから教えて」、「これ、どうやるの？」	担任、学習進路	済み
			④普段の教室環境整備	担任	随時
生活指導	人間関係形成能力（コミュニケーション能力）の育成	ライフスキル、グループエンカウンター、ロールプレイ等の活用	①ライフスキル（保健指導） ・喫煙防止（断り方）、生命誕生（妊婦体験など） ・自己主張トレーニング、ストレスマネージメント	健康指導	実施中 心の健康Pに発展
			②道徳の時間や学活の活用（教材開発）	学年道徳担当	
教育計画	道徳の時間	指導計画の整備、資料や教材の開発と整備	①各学年で授業提案者を決め、授業を実施する。	学年道徳担当、学進、教務	済み
			②資料集づくり（年間一人一資料の作成）。①の資料を冊子にする。	学年道徳担当、学習進路、教務	
			③道徳担当者等の選択課題研修の受講	校長、副校長	済み
			④自己申告の面接などで、自己の目標設定の際に検討。	校長、副校長	済み
	総合的学習の時間	指導計画の整備、教材開発	①総合的な学習の時間の目的に近づくように、行事への取り組みの工夫をする。	教務・学習進路・学年	実施中
			②まとめテストなどへの利用。	学年	実施中

情や状況を見逃さず,「あの場面で生徒の学びが途切れたのでは？」とか「同じような状況であったら，自分はこう声掛けをする」といった内容で**授業者へのプレゼントとなるような発言を１人１回は必ずするという約束**にしました。そして,「授業のデザイン」（簡略化された指導案。具体例は次章の各実践例を参照）と座席表を手にして,「この場面のこの発問で,誰々がどう反応した」「その発問のときに,○○くんがとなりの△△さんにこう聞いていた」といったことを語り合うのです。

　授業者が気づかなかったことを,全員から提供される事実で補い,今後の授業への取り組み方や,話題となった生徒へのかかわり方をみんなで考えるという,とても充実した時間になります。

生徒の学びの姿を徹底検証する学年授業検討会

　学年授業検討会は,予め授業をビデオカメラで撮影しておき,それを学年の教員で見て意見交換を行うという形にしました。

　そのビデオは,**教師の動きや板書ではなく,特に授業に入り込めていない生徒を中心に撮影しておきます**。時には,学びから離れて手いじりやシャープペンの分解をしてしまうその経過を撮ります。シャープペンの分解がどこから始まったのか,何かきっかけがあって学びから離れていったのか,といったことを学年の教員間で議論し,「もっと細かなフォローが必要だね」「こういう問題には食いついてきたよ」などと忌憚のない意見交換をします。

　また,「ここ数日あの生徒は元気がないけれど,他の教科ではどうです？」などということが話題になり,実は家庭で親と進路のことをめぐってトラブルが起きていたということに気づいたこともありました。このように,学習面だけではなく,生活指導面の情報交換や対策にもなっているのが,学年授業検討会です。

　毎回の検討会は,担当者がデータ化し,全教員で共有します。

二之江中学校が10年間に渡ってこの取り組みを続けてこられたのは，このような授業検討会の質の高さと内容の濃さがあったからこそです。

校内研修の成果と課題

　成果としてまずあげられるのが，**生徒同士の人間関係の向上**です。とにかく生徒が楽しいと思える学校になった，それこそが一番の成果と言えます。日々繰り返される生活指導。教師に反抗する仲間を嫌でも目にする毎日。そういった以前の二之江中学校の雰囲気から一変しました。
　毎年実施しているハイパーQUテストにおいても，「学級満足度」の値は全国平均を大きく上回るところまで上昇しました。個々の細かな課題こそはありますが，学校全体の雰囲気は落ち着いてきました。
　学習面においても，年度によるばらつきこそありますが，以前の状況と比

較をすると改善が見られました。特に，**学力の二極化の解消という点においては目立った成果がありました**。また，3年で実施する**全国学力・学習状況調査において無解答率が大きく下がりました**。以前なら無理だとあきらめるような問題にも，粘り強く取り組めるようになってきたということです。

　もちろん，課題もあります。
　それは，公立中学校である以上避けることができない，**異動に伴う人員の流動**です。年度によっては7〜8名の「経験者」が抜け，その分「未経験者」が赴任しますが，これに耐え得る校内研修体制を維持するというのが大きな課題です。
　「この取り組みによって二之江中学校は立ち直り，今がある。これから先も二之江中学校にはこの研修が必要なんだ」という意識を，同僚となった教員全員が共有できるには，それなりの手応えや根拠が必要になります。そのために，学校全体で困り感を共有して特定の教員が孤立化するのを防ぐ，毎年の研修の成果をアンケートでまとめた掲示物を作成する，などの取り組みを行ってきました。

❺生徒全員の学びを保障するための日々の授業改善

　校内研修会は年間に限られた回数しか設定することはできませんが，もちろん実践は毎日の積み重ねであるため，教職員全体で共通理解をして改善を進めていくべきことが多くあります。

　筆者が校内研修主任として意識をしたことは，**「無理なく，少しずつ」**という点でした。無理難題を「さぁ，やりましょう！」と言っても空中分解してはふりだしに戻ってしまうので，少しずつでも確実に，全員でということに配慮したのです。

　以下，二之江中学校で取り組んできた細かな授業改善のいくつかを紹介していきます。

授業開始10分以内に４人グループ学習を取り入れる

　とにかく，取り組みを始めた直後は，理論さえもわからないままでしたが，まずは積極的にグループ学習を入れてみましょう，という程度からスタートしました。
　生徒の集中力が持続する授業開始10分程度のうちに４人グループ学習を取り入れることで，学びから脱落する生徒が大幅に減りました。
　徐々にグループで取り組ませる課題の内容にもこだわり，時間も７分以内と変えていきましたが，「まずは恐れずにやってみましょう」という意識でスタートしました。

声のトーンを低くする

　これは，スーパーバイザーの佐藤先生のお言葉を借りるなら，「**しっとりとした雰囲気**」をつくるための取り組みです。
　生徒が落ち着いて学び合う場面で，教師の大きな声は必要ありません。本当に学び込めている授業であれば，大きな声での指示は邪魔にさえなってしまいます。教師が大きな声で授業をすると，生徒も負けじと大きな声を張り上げ，さらにそれを制するように…，と落ち着いた授業からはほど遠くなります。そこで，**教室内にのみ，ぎりぎりで届けばよい程度の声量**にするよう心掛けました。すると，授業は体力的にも楽になりました。そして何より強弱のポイントがつけやすくなりました。

ポイントを絞った板書をする

　コの字型に座っていることで，前を向いていない生徒がいるため，少なからず「黒板が見にくい」という反応がありました。
　そもそも生徒の活動が中心となる取り組みなので，板書はポイントを絞って最小限で，ということを心掛けました。その分，プリントによる授業が増えたという事実もありますが，**たくさんの板書をノートに写していた時間を有効に使うことができるようになりました。**
　どうしてもある程度の板書が必要なときは，無理をせず「今日は多めに板書するから，今だけ机を前向きにして…」と伝えるようにしました。

授業中の教師の立ち位置を意識する

　「教師＝黒板の前」からの脱却です。
　板書が減ると，黒板の前にいる意味はなく，あえて**教室の後ろからわずか**

な板書を指さし，生徒と同じ方向を見て発問するという取り組みをしました。必要に応じた支援ができるのは，生徒の近くにいればこそです。前述の「花道」のスペース活用もこの段階で取り組みを始めました。

全員が「授業のデザイン」をつくる

　取り組み当初の全体研修会では，集中授業を行う教師だけが指導案となる「授業のデザイン」を作成しましたが，全教員が自分の授業を意識するというねらいも含め，年3回の全体研修会においては「授業のデザイン」を冊子として綴じ，授業を公開するようにしました。

　具体的には，**3校時と4校時で全教員が授業を行い，授業のない教員はそれを見て学ぶ，5校時に集中授業を行い授業検討会へ**という流れにしました。

　通常の指導案とは異なり，概略だけのものゆえに頭の中には多くの引き出しをイメージしなくてはなりません。年3回の作成がそのトレーニングとなるようにしました。

くどい説明をやめる

　4人グループにして問題を解かせ，コの字型机配置に戻して教師が再び解説や説明を行う。この展開が固定化すると，「どうせ後から先生が説明してくれるし…」と生徒が積極的な学びを放棄し，4人グループ学習を行う意味が薄れてしまいます。

　教師には，どうしても説明をしたがる傾向がありますが，任せるところは生徒に任せ，理解しているか否かをしっかりと見極めなければなりません。そこで，**くどい説明はやめ，多くの生徒ができていないようであれば，教師が解説をしたり，改めて説明や課題の示し方に手を加える**ことにしました。

原点に戻って，床のマークを意識させる

　取り組み開始から数年が経つと，学年が上がるにつれて机の動かし方にいい加減さが目立つようになりました。
　そこで，床に全校共通の印を2色の油性マーカーでつけることにしました。そして，「コの字型机配置は黒色の位置，4人グループ学習は赤色の位置。移動は必ず全員が机を動かすこと」というルールにしました。
　コの字型机配置から4人グループに移動する際，**まったく机を動かさない生徒がいることが，小さなことながら不公平感を生んでいたのです。**

「モノとの出会い」を増やす

　「単調な授業ではなく，感動する授業に出会わせたい」
　そんな思いからもっと「モノとの出会い」を授業に取り入れていくことに取り組みました。例えば，**教科書に写真で出ているものも，目の前で本物を見せると，生徒は目を輝かせ，引き込まれます。**毎回準備するのは大変なので，ノルマのようなものはつくらず，極力取り入れてみましょう，という形で広げました。

「2段ロケット」で授業を構成する

　1コマ50分の授業を，時間ではなく，内容で前後半の2段階に区切って構成することに取り組みました。
　「2段ロケットを打ち上げよう」というキャッチフレーズで，前半（1stステージ）を「アイデアの共有（基本的な内容）」，後半（2ndステージ）を「ジャンプの課題（発展的な内容）」として動きのある授業展開に挑戦しました。

特に2段目となる後半の内容では，ある程度理解度の高い生徒も「なぜ」「どうして」の連続となるような展開がありつつ，最後は「なるほど」と着地できるように心掛けました。

女子生徒に活躍してもらう

一般的に，中学校年代では女子生徒の方が男子生徒より精神年齢が高いと言われますが，二之江中学校でも，中学校入学時には女子生徒の方が精神年齢が高く，3年生ぐらいで男子生徒が追いついてくる，というようなイメージがあります。

そこで，**女子生徒が活躍する機会を意図的に増やし，男子生徒を引っ張ってもらう**ようにしました。「女子が落ち着いていれば学校は落ち着く」といった話はどこかで聞いたことがありましたが，「指名は6：4もしくは7：3で女子生徒を多くする」といったスーパーバイザーの佐藤先生からの助言には，少なからず驚きました。

難しい問題ほどシンプルに伝える

難しい問題を難しいままで取り組めるのが理想ですが，現実的にそれでは学びから離脱してしまう生徒が少なからず出てきてしまいます。

筆者は数学科の教師ですが，日々の授業準備のテーマは**「いかに身近な数学に置きかえるか」**というものでした。自然現象，話題の出来事，日常に転がっているモノやコトにつなぐことをいつも考えていました。余計な説明を省き，短く伝えることも意識しました。

生徒の表情や姿勢を注視する

今，目の前にいる生徒がどういう状況か。これを表情や姿勢から読み取り，

早い段階で適切な声かけや支援を行うことを意識しました。

　授業に集中し「解くぞ〜！」という気持ちの生徒は，前のめりになります。教師の話に聞き入っている場合も同様です。逆に，学びから離脱する前には，外を見始めたり，背もたれに寄っかかるような姿勢になったりと，表情や姿勢に何らかの変化が見られます。例えば，**同じ「肘をついている」という姿勢でも，前のめりかその逆かで生徒の状況を読み取れるようになることを目指しました。**

「なぜ？」「どうして？」と問いかける

　学びが起きるには，問いかけが欠かせません。
　そこで，「なぜ？」「どうして？」という問いを提示して，４人グループ学習へと移る展開を積極的に取り入れるようにしました。板書でもこの問いを強調して大きく書く教員が出てきました。
　このような問いに対する答えを議論することも，立派な言語活動であることを知りました。

「声が大きい」生徒にどう立ち向かうかを考える

　ここでいう「声が大きい」とは，声量が多いということではなく，影響力

が強いということです。「アイツがこう言うから，何も言えないよなぁ…」という雰囲気を，学級生活や授業から排除しようとしたのです。

「声が大きい」ある生徒が「このゼリーまずっ！」と給食時間に言いました。すると，それまでおいしいと思っていた生徒も口にするのをやめ，最終的にゼリーが多く残ってしまいました。これは，実際に二之江中学校であった出来事です。そのとき学級を指導された大島茂先生（現江戸川区立東葛西中学校）の対応こそが我々の取るべき行動の方向性となりました。

大島先生は，トレーに残ったゼリーの様子をデジカメで撮影してプリントアウトし，教室に掲示しました。そして**「思うことは自由だが，口にしてはいけないこともある」**とていねいに説明しました。

授業においても，「声が大きい」生徒が学びを遮るようなマイナス発言を口にしたとき，その生徒にどうしてそれを言う必要があったのかを尋ね，繰り返さないように諭し，他の生徒にも同じことを伝えつつ安心して発言してよいことを伝える。ふざけが伴い同調する生徒がいる場合も，本当に必要な発言であるかどうかを問う。こういった投げかけを通して，「声が大きい」生徒に授業が支配されることを防いでいきました。

「1分ルール」を徹底する

学校の状況も授業の雰囲気も何となく落ち着いてくると，教員にも隙ができ，そんなときに危機がやってきました。ちらほらと居眠りをする生徒が見られるようになってきたのです。

そこで，**居眠りに気がついたところから1分以内に，対象の生徒が複数いれば全員に，もれなく声をかけるようにしましょう**，と共通理解をしました。どの生徒にも同じように声をかけることで，「みんな同じように扱われている」と生徒は感じます。まずはその信頼関係をつくるだけでも効果があるものだと信じ，根気強く取り組みました。

取り組みに自信をもつ

スーパーバイザーの佐藤先生から教えていただいたものの中に，「ラーニング・ピラミッド」の視点があります。

右のように，様々な学習形態ごとの定着率を図示したものですが，二之江中学校が積極的に取り組んでいる４人グループ学習は，まさに参加型の授業（下３段）に当たるものでした。この学習形態の定着率が高いという事実に，**「これからもこの取り組みを続けていってみよう！」**という前向きな気持ちと自信を得ることができました。

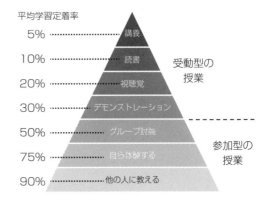

他の教員の授業から学ぶ

筆者が二之江中学校に在籍していた９年間の最後に取り上げられたテーマがこれでした。

教師は同僚との関係にどうしても閉鎖的になりがちであり，他の先生の授業と自分の授業を比べて「劣っていたくない」と考えがちです。だからこそ，積極的に自らの授業を公開し，「見に来てください」と言える教師は多くありません。筆者自身を振り返っても，少なくとも二之江中学校に赴任するまではそうであったと思います。自分の授業は見られたくないと思い，見せたいとも思いませんでした。

しかし，これまでの常識を覆すような大きな改革に挑もうとする同僚は，敵や足を引っ張り合う存在ではなく，むしろ味方であるはずです。**共に悩み，**

苦労を語り，互いがレベルアップを図ることができるというのが理想です。
　筆者は，先輩の先生方にも授業をたくさん見せてもらいました。特に，前述のゼリーの件で紹介した大島先生には，多くの情報交換をさせてもらいました。大先輩が相手でも，生徒の心をつかんでいるのを目にしては悔しさを覚え，「自分もそうできるようになりたい」と思っていました。
　また，新しく赴任した先生が1日でも早くこの学校のスタイルになじめるようにと，「断りなくいつでも来てください」と，積極的に授業を公開しました。

　いろいろなことを含めて，教師間で授業をオープンにできる学校というのは稀であると思います。しかし，困ったことを共有し合える，生徒と同じように「わからないから教えて」「ねぇ，こんなときどうするの？」と聞き合える関係を築いてこそ，大きな改革をなし得るのだと思います。

（土屋　純一）

第2章

生徒全員の学びを保障する
コの字型机配置
＋4人グループ学習の実践事例

1年 **国語** 『オツベルと象』（宮沢賢治）

擬音語と擬態語の違いを考えよう！

　4人グループ学習を通じて，問いに対する答えを発見したときの生徒の喜ぶ姿は，ただ教師が生徒に一方的に知識を教えたときには，決して見られないものです。みんなで1つの問題に悩み，なぜそうなるのかを話していく中で，自分の考えに矛盾が生じていることに気づきます。そうすると，また次の答えを探す中で自然と読みが深くなっていきます。生徒はそのような問題に出会ったとき，自発的に授業に取り組みます。教師がやるべきことは，生徒に教え込むことではなく，生徒が興味をもてる課題を与えて活発に活動させ，それを見守ることです。

授業のデザイン（国語）

授業者 荒井 亮

1 **学　級**　　1年3組（1校時）

2 **テーマ**　　擬音語，擬態語の区別

3 **ねらい**　　言葉をあげ，分類させることで，理解につなげる。

4 **材　料**　　教科書，ノート，ワーク

5 **大まかな流れ（授業の構想）**
【1stステージ（10分）】（コの字型机配置，4人グループ学習）
音読をする中で，効果的に使われている言葉に注目する。

【2ndステージ（40分）】（コの字型机配置，4人グループ学習）
いくつか言葉をあげ，「のこのこ」はどの言葉と同じ使い方かを考え，擬音語と擬態語の違いに迫る。

6 **「学び合い」で**
　なんとなく頭でわかっていることに理由づけしながら，擬音語と擬態語の違いについて考えさせていく。

1st ステージ

> 音読する中で，特徴のある表現に注目しよう。

　4人グループで音読させる前に，特徴的な言葉に線を引きながら音読するように伝えます。できるだけ，生徒から出た言葉を拾い，次の発問につなげていけるようにします。
　思わせぶりに生徒の前をゆっくり歩きます。

T　　この動作に効果音をつけてみよう。
S1　「とことこ」じゃないかな？
S2　「すたすた」でしょ！
T　　他にもありそうだね。あげられるだけ書いてみよう。

　時間を区切り，歩く動作に対する効果音を書かせ，効果音が「歩く」という動作を詳しく伝える役割を果たしていることを理解させます。
　そこから，また教科書に戻り，どの言葉に線を引いたかを確認していきます。その中であがった擬音語，擬態語を黒板に示していきます。

2nd ステージ

> 「ほくほく」「のんのん」「どんどん」「ぶらぶら」のうち仲間外れはどれでしょう。また，「のこのこ」「ドーン」「グララアガア」「パチパチ」のうち仲間外れはどれでしょう。その理由も考えよう。

教科書の何ページのどこに書かれているか示した後，考えさせます。はじめは１人で考えさせると，何人かの生徒が難しい顔をし始めるので，４人グループにして考えさせます。４人グループのよさは，このような困り感があるとき，人に聞きやすい環境をつくり出すことができることです。

　４人グループにすると，まわりの生徒の答えが気になります。コミュニケーションがうまくとれていない様子が見られたら，教師が生徒と生徒をつなぎ，教師に聞くのではなく生徒同士で話すように仕向けます。

　そうしていると，答えが一致して安堵するグループと，「え？」とさらに疑問が深まるグループができます。そこで教師は，生徒の発言も生かしながら，グループの思考を活性化するようなヒントを与えます。

T　仲間外れ同士を入れ替えると，グループが成立します。

　この言葉を聞いて，「グララアガア」が鳴き声だから仲間外れだと考えていたグループが，仲間外れ同士を入れ替えても，入れ替えた先でまたグループが成立しないので，間違えているということに気がつきました。
　ここで，少しずつ音なのか動作なのかということに気づく生徒が現れ，
「そういうことか！」
「え，もうわかったの？」
などとさらに反応が生まれ，学びが加速します。
　ここから先はあまり時間をかけず，コの字型机配置に戻し，「擬音語」「擬態語」という言葉をそれぞれ教えます。

　教師が一方的に擬音語と擬態語の違いを教えるのではなく，４人グループで具体例を通してその違いに気づかせることができたため，ただ教わる知識よりもはるかに深い知識として，定着させることができました。

（荒井　亮）

| 2年 | 国語 | 「扇の的」(『平家物語』) |

「情けなし」という言葉が発せられた理由を考えよう！

　韻文や古典の授業において、生徒は言葉への拒否反応からか、なかなか音読をしようとしません。リズムや古語・古典の独特の言い回しに慣れておらず、恥ずかしさから声が出ないのです。

　そこで、韻文や古典の授業では、4人グループで声を出すことに主眼を置きます。そうすることで、音読がスムーズになります。また1人では気づきにくいことやわかりにくいことも、4人グループで考えれば、新たな考え方を導いたりすることができ、作品の内容理解を深めることができます。

授業のデザイン（国語）

授業者 相原　武志

1　学　級　　2年7組（6校時）

2　テーマ　　「情けなし」と言った理由を考える

3　ねらい　　源平の合戦の中で行われた風流な行為とその後に行われた人を射る行為について理解を深めさせ，最後の言葉がなぜ発せられたのかを考えさせる。

4　材　料　　教科書，ノート，国語便覧，ワークシート

5　大まかな流れ（授業の構想）
　【1stステージ（30分）】（4人グループ学習）
　　音読をさせる。群読形式や通読で声を出させ，文の主語について考え，理解する。また，表現上の特色や擬音語について考え，理解する。

　【2ndステージ（20分）】（4人グループ学習）
　　「情けなし」という言葉について，どうしてこのような言葉が発せられるのかを当時の行動規範などをふまえて考える。

6　「学び合い」で
　　当時の合戦とはどんなものなのか理解している生徒は少ないので，国語便覧などの資料を使って理解を深めたうえで，なぜ「情けなし」という言葉が発せられたのかを4人グループで考えさせる。

1st ステージ

> 音読をいろいろな形式で行い，表現上の特色に注目しよう。

　まず，音読を４人グループの群読形式で行います。扇の的の最後の場面を句読点ごとに４人グループで読ませます。続いて，同じ場面を全員で通読します。ここではリズムを考え，内容について理解を深められるよう音読に慣れていきます。その中で「扇の的」の授業を通して学んできた対句・係り結び・擬声語・同格の"の"など表現上の特色を考え，理解を深めさせます。

T　音読したところの中にある表現上の特色を探してみよう。

　「扇の的」の今までの授業の中で，表現上の特色を取り扱ってきています。したがって，この発問である程度のグループが対句・係り結び・擬声語を見つけられ，発問に対する答えを共有することができます。
　同格の"の"については，見つけることができないグループが多いので，机間巡視をしながらヒントを与えていく方法をとります。主格の"が"にならず，上下を入れ替えても変わらない"の"を探すように，と指示を与えることで理解するグループもあります。本文を書いたノートに表現上の特色を書き入れることで，４人グループで理解を深めていきます。

2nd ステージ

> 「情けなし」という言葉はなぜ発せられたのだろう。

表現上の特色を書き入れた後は，内容の理解を深めていきます。2ndステージの発問について考えるにあたって，当時の合戦の様子について国語便覧を使って調べます。名乗りを上げるやり方に違和感を覚える生徒がいれば，そこから4人グループで理解を深めることも可能です。

　また，前時までの学習の中で与一の心の動きについて理解を深め，武士の考え方や当時の人々の行動規範を学びました。源氏・平氏の敵・味方という前に，武士として見事な行為には，敵ながらあっぱれと評価するということが，「扇の的」の前半部には描かれています。

　本時で扱う後半部では，その行為に感動し舞を舞い始めた老いた武者を与一が弓で射るという行動に出ます。ここは，生徒からいろいろな意見が出てくる場面です。

S1　自分をほめてくれた人を簡単に射るなんて，与一はひどい人だよね。
S2　戦の中の行為で相手である武士を射殺すのは当然でしょ。
S3　どっちが正しいかわからないけど，殺すことはないよね。
T　　与一は自分の意思で年老いた武者を射倒したのかな？

　読み進めていくと，伊勢三郎義盛が寄って来て，（源義経からの）命令を伝えたために，与一が老いた武者を射倒したことがわかります。
　この後，「情けなし」という言葉がなぜ発せられたのかについて考えさせます。前半部に描かれているように，当時の戦では，敵味方関係なく，見事な行為は評価するといった行動規範があったにもかかわらず，それを一方的に破ったことに対して「情けなし」（心ないことだ）という言葉が投げかけられたということを理解させます。

（相原　武志）

| 3年 | 国語 | 『「新しい博物学」の時代』（池内了） |

筆者の問題提起をとらえよう！

　4人グループで音読し合うことで，内容理解を深める授業です。指名読みよりも読む活動が多くなり，聞く活動も真剣なものになります。

　また，友だちの助言を受けながら，課題を確認するために何度も文章にあたって読み込むことが可能になります。このようにして，はじめは興味がわかなかった文章も，知らず知らずのうちに内容理解が進みます。

授業のデザイン（国語）

授業者　石崎　みよの

1　学　級　　　3年4組（3校時）

2　テ ー マ　　筆者の問題提起をとらえる

3　ね ら い　　言葉を聞き合いながら，内容理解を深めさせる。

4　材　料　　　教科書，ノート，国語辞典

5　大まかな流れ（授業の構想）

【1stステージ（10分）】（コの字型机配置）

①漢字テスト

②意味調べ3単語

【2ndステージ（40分）】（4人グループ学習）

③第一大段落の内容をとらえる。

④第二大段落の内容を4つに分け，小見出しをつける。

1st ステージ

> 自分が調べたい言葉を3つ選び,意味調べをしよう。

　毎時間漢字テストと意味調べに取り組んでいます。漢字テストの範囲は漢字ワークです。
　意味調べは,教科書本文から自分が調べたい言葉を3つ選んで,その意味を調べます。国語辞典は学校で用意しています。
　ともに,コの字型机配置で行います。

2nd ステージ

> 第一大段落の内容をとらえよう。

　4人グループで音読をさせた後,次の4つを板書してノートに書かせ,グループで取り組ませます。

❶博物学とは？
❷博物学から発展した科学は？
❸現代の科学者が重視しなくなったことは？
❹「新しい博物学」とは？

　答えに当たる教科書の文章を書き抜く場所をグループ内で確認しながら進めます。全体での確認はせず,教師は机間巡視しながら助言をしていきます。

> 第二大段落の内容を4つに分け，小見出しをつけよう。

　4人グループで第二大段落を読み進めていき，内容によって4つに分ける学習です。

　まずは，4人グループで順番に音読を行います。文章が専門的であるため，1人ではなかなか読み進めることができない生徒もいます。
　しかし，4人グループで取り組むと，例えばだれかが漢字の読みを教えてくれたりします。また，自分の番にしっかり読まなければならないという意識が働くため，他の生徒の音読も程よい緊張をもって聞くことができます。

　音読が済んだら内容理解です。話題を考えながら，内容を4つに分ける作業に取り組みます。
　教師は机間巡視を行い，作業が停滞しているグループを見つけたら，次のような問い（ヒント）を投げかけます。
　「どこまでが『かに星雲』の話題かな？」
　「『明月記』の話題はどこからかな？」
　「他の古典の話題は？」

　4つに分けることができたら，次に4つそれぞれに小見出し（タイトル）をつけていきます。
　小見出しにふさわしい文章が教科書の本文中にないか，話題の中心はどういったことなのか，といったことを4人グループで検討していきます。ここでも教師は机間巡視を行い，停滞しているグループには適切な助言やヒントを与えて回ります。

（石崎　みよの）

| 1年 | 数学 | 文字と式 |

割りばしの本数の求め方を考えよう！

「なぜ？」という疑問を，生徒自らの力で「わかった！」「なるほど！」と解決できるのが4人グループ学習のよさです。

この授業では，下の写真のように割りばしを使用して正方形をつくり，何通りもある規則性を探していきます。正方形10個や100個の場合の割りばしの本数を求めるときの「なぜ？」が，4人グループでの学び合いを通して「わかった！」に変化し，生徒の文字を使用することに対する抵抗感を減らすことができました。

授業のデザイン（数学）

授業者 志澤 裕将

1　**学　級**　　1年4組（1校時）

2　**テーマ**　　文字の使用（文字と式）

3　**ねらい**　　文字を用いることの必要性を感じさせ，数量の関係を式に表せるようにする。

4　**材　料**　　教科書，ノート，ワークシート，割りばし

5　**大まかな流れ（授業の構想）**
【1stステージ（30分）】（4人グループ学習，コの字型机配置）
①割りばしを用い，正方形をつくることで，割りばしの並び方の規則性を考える。
②規則性を発見していく過程で多様な考え方を用い，正方形の数が何個になっても求められる式をつくる。
③文字を使った式の表し方を知る。

【2ndステージ（20分）】（4人グループ学習）
④数量の関係を，文字を使った式で表す。
「1mが60円のひもを x m買いました。このときの代金を，文字を使った式で表しなさい」など。

6　**「学び合い」で**
・つまずいている生徒がいる場合も，教師が教えるのではなく，板書や出張などを認め，生徒同士で支援し合えるようにする。
・1分ルールの徹底。

1st ステージ

> 割りばしを並べて正方形をつくります。それぞれ，何本の割りばしを使うか答えよう。また，それを求める計算式を考えよう。

正方形の個数	答え		計算式
1個	割りばし	本	
2個	割りばし	本	
3個	割りばし	本	
4個	割りばし	本	
10個	割りばし	本	
100個	割りばし	本	

4人グループに割りばしを配布します。正方形4個までは，「わかった！」「できた！」とう声が上がりますが，10個，100個は正方形を実際につくることができないので，生徒の手が止まってしまいました。

T　正方形の個数と割りばしの本数に規則性はないかな？　割りばしの置き方に着目して考えてみよう。
S1　正方形を1つたすときは，毎回3本ずつ置いたね。
S2　最初は3本ではなくて，4本置いたよ。
T　規則性に気がついたね。その規則性に基づいて，10個，100個のときの割りばしの本数が求められないかな？

その後，コの字型机配置に戻し，様々な規則性（計算の仕方）を生徒が全体へと発表しました。「そのやり方は知ってるよ」「それは気がつかなかった」など，聞いている生徒からは様々な反応があり

ました。また,「なんでそうなるの?」という反応があったときは,それに気がついた4人グループ全員で全体に向けて説明させました。

その後,1+3×(正方形の個数)という規則性に着目させ,1+3xという文字を使った式を導入し,2ndステージへとつなげました。

2nd ステージ

> 1mが60円のひもを x m買いました。
> このときの代金を文字を使った式で表しなさい。

T　1m買ったときの代金は?　2m買ったときの代金は?　どんな計算で求めることができるかな?　同じようにして x m買った場合を考えてみよう。

その後,ワークシートを配布して4人グループにし,問題演習を行いました。思うように進まない生徒がいるグループがあれば,できている生徒に対して,

「どうやってこの問題解いたの?　その解き方を,グループ全体で共有しよう」

と声をかけます。また,できた生徒に板書してもらう,まわりのグループへの出張を認める,といった支援を行いながら,生徒全員が最後まで取り組むことができるようにしています。

以上のように,4人グループ学習では,自分では気がつくことができない考え方に触れることができたり,1人では投げ出してしまうような問題に粘り強く取り組むことができたりするため,このような経験が学力の定着につながっていきます。

(志澤　裕将)

| 1年 | 数学 | 平面図形 |

いろいろな点を回転の中心として回転させよう！

　基本的な回転移動の意味や性質を学習した後，方眼用紙上にかかれている図形の90°回転や点対称移動を，定規のみを用いてかく授業です。

　これまでに学習した平行移動や対称移動は，図形の動く様子が比較的イメージしやすかったのに対して，回転移動は回転の中心の位置によって図形がどのように回転するのかがイメージしづらく，苦戦しながら図をかく様子が見られます。しかし，4人グループで取り組むことによって，悩みを共有したり正しくかけたかを互いに確認したりすることができ，どの生徒も途中であきらめることなく最後まで問題と向き合うことができます。

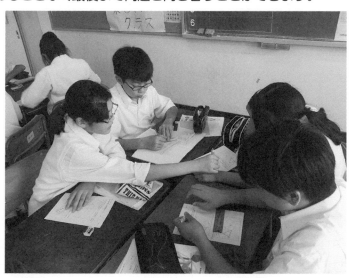

授業のデザイン（数学）

授業者　泉　泰弘

1　**学　級**　　1年1組（5校時）

2　**テーマ**　　図形の回転移動（平面図形）

3　**ねらい**　　方眼用紙の目盛りや自ら引いた補助線を利用して三角形を回転移動させた図をかけるようにする。
　　　　　　　回転の中心が三角形の頂点と一致している基本的な回転移動から，回転の中心が三角形の辺上や内部にあり，回転移動させた図がもとの三角形と重なるような発展問題まで，様々なタイプの問題を考えさせる。

4　**材　料**　　教科書，ノート，プリント，小テスト

5　**大まかな流れ（授業の構想）**
　【1stステージ（15分）】（4人グループ学習）
　　回転の中心が三角形の頂点と一致している問題を90°回転させたり，点対称移動させたりする。

　【2ndステージ（35分）】（4人グループ学習）
　　回転の中心が三角形の辺上や三角形の内部にある問題を90°回転させたり点対称移動させたりする。さらに，回転の中心が目盛りの格子上にない場合の問題にも挑戦する。
　　授業の最後に小テストを実施し，本時の授業内容の定着を確認する。

6　**「学び合い」で**
　　互いの考えを共有することで，自分なりのコツをつかませる。また，かいた図が正しいかどうかを判断できるようになることも大切である。
　　また，教師が教えるのではなく，4人グループでの活動を通して自分たちで学び合う授業になるように，板書・発問の仕方に気をつける。

1st ステージ

> △ABCを，点Bを回転の中心として反時計回りに90°回転させよう。
> また，点Aを回転の中心として点対称移動させよう。

はじめに，移動の様子が比較的イメージしやすい問題を扱います。問題用紙を回したり，友だちの問題用紙と重ねたりするなどして，図形の回転する様子を確認しながら図をかく生徒も多く，そういった活動を通して図形の回転移動を感覚的に理解します。

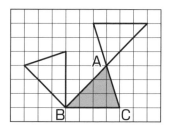

この活動のまとめとして，以下のようなやりとりを行います。

T 　図形を移動させるときの考えやすくするポイントは何かな？
S1　補助線を引く。
T 　どんな補助線かな？　また，それは何のために引くのかな？
S2　それぞれの頂点を回転の中心と結べば，点Aの移動した場所や点Bの移動した場所などが1つずつわかる。最後にそれらの点を結べば三角形が回転したことになる。

特に応用問題において，図形のまま対称移動や回転移動させることは容易ではありません。そのため，ポイントとなる各頂点を1つずつ移動させ，最終的にそれらの点を結ぶことで図形全体を移動させる，という考え方が重要になります。

この点を全体で共有し，2ndステージの応用問題に備えます。

2nd ステージ

> △ABC を，いろいろな点を回転の中心として回転させよう。

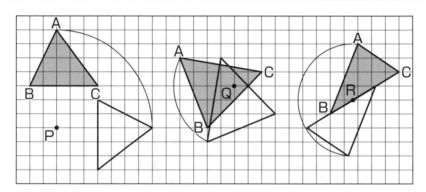

　回転の中心が図形から離れた位置にあることで，図形の動く様子がイメージしづらくなります。そのため，図がかけない生徒や，かけても正しくかけたかどうかを自分自身では確認できない生徒も出てきます。

　4人グループ学習のよさは，このように，困ったときや確認したいときに，自分の考えを友だちと共有しやすいことです。応用問題に取り組んでいると，ほとんどの生徒が自分の解答に不安を感じ，自分の考えをだれかと共有したくなります。実際の授業でこの課題に取り組んでいるときも，互いに確認し合う様子が多く見られました。

　ときには，わからない生徒が友だちのかいた図を見せてもらい，その友だちの図の間違えている点を発見するということもありました。このように，わからない生徒の問いに対応することによって，わかっている生徒の方がその恩恵を受けることも多く，これこそが学び合いの本質であると言えます。

　このようにして，ほとんどの生徒が最後まであきらめずに考えることができました。

（泉　泰弘）

| 2年 | 数学 | | 連立方程式 |

たしてもひいても文字が消えない連立方程式を解こう！

　加減法の一番簡単な形である，係数の絶対値が等しい場合を学習した後，係数の絶対値が等しくない場合の加減法での解き方を学ぶ授業です。ここでは，単純に数式の処理として，加減法を用いて連立方程式の解を求める方法を身につけさせます。

　生徒によって１年で学んだ等式の性質についての理解に差があり，また，ここで学ぶ内容についてすでに理解している生徒もいます。４人グループ学習を用いることで，それぞれのつまずきを共有，解決し，すべての生徒の学びの保障へとつなげていきます。

授業のデザイン（数学）

授業者　新井　真樹

1　学　級　　2年7組（2校時）

2　テーマ　　そろえて消去（連立方程式）

3　ねらい　　連立方程式の解を，加減法を用いて求められるようにする。1stステージでは，どちらか一方の式を何倍かして係数の絶対値をそろえることで，1つの文字を消去し一元一次方程式に帰着させる。2ndステージでは，両方の式をそれぞれ何倍かすることで係数の絶対値をそろえていく。

4　材　料　　プリント（確認問題1枚，練習問題）

5　大まかな流れ（授業の構想）
【1stステージ（20分）】（コの字型机配置，4人グループ学習）
　係数の絶対値がそろっていない連立方程式で，どちらか一方の式を何倍かすることで係数をそろえられるものの解き方を身につける。

【2ndステージ（30分）】（コの字型机配置，4人グループ学習）
　係数の絶対値のそろっていない連立方程式で，両方の式をそれぞれ何倍かして係数をそろえるものの解き方を身につける。

6　「学び合い」で
　加減法の考え方を理解させるとともに解き方を身につけさせる。そのために必要になる既習内容の復習を含め，4人グループを活用して生徒それぞれが課題と向き合える時間を確保する。生徒によって計算のスピードに差があるので，わからずに手が止まってしまう生徒を，わかる生徒につなげることに注意し，どの生徒も学びに向き合えるようにする。

1st ステージ

> たしてもひいても文字が消えない連立方程式を解こう。

　係数の絶対値がそろっていて，2つの式の加減で1つの文字を消去することができる連立方程式の解き方を確認します。その後，係数の絶対値がそろっていないもので，どちらか一方の式を何倍かすれば解ける連立方程式を与え4人グループにします。

　解けた生徒に板書をさせたうえでコの字型机配置に戻し，生徒が板書した答えをもとに，「何のために式を何倍かしたのか」「なぜ式の両辺を何倍かしてよいのか」の2点を確認します。

S1　係数をそろえるため。
T　何で係数をそろえるの？
S2　2つの式をたすと文字が消せるから。
T　そうだね，文字を1つ消去することで，1年生でやった方程式の形にできるから，そしたら解を求められるよね。でも，この式は何倍かしちゃってもいいんだっけ？
S3　等式の性質を使っているからいい。
T　その通り！

　この後，教科書の練習問題を指定し，4人グループで解き〇つけをします。このとき，解き方のわからない生徒に声をかけ，同じグループの解けている生徒につないでいきます。解けていない生徒は，解けた生徒のノートと自分のノートの途中式を見比べたり，「ここは何をやっているの？」と聞いたりしながら，何とか解けるようになっていきました。早く終わったグループに

は練習問題のプリントを与え，定着を図ります。そして，全員が教科書の問題を解けたことを確認し，2ndステージへ進みます。

❷nd ステージ

> **たしてもひいても文字が消えない連立方程式を解こう。**

　続いて，両方の式の両辺をそれぞれ何倍かして係数の絶対値をそろえる問題を与えます。コの字型机配置で全体に問いかける形を取ります。この段階では，「係数の絶対値をそろえるにはどうすればよいだろう？」と発問すれば，「それぞれを何倍かする」という答えが出てくるようになりました。

　黒板で解き方を確認して，4人グループで実際に解かせます。以降，解けたグループから教科書の問題，練習問題のプリントを与えていきます。練習問題には，解が分数になるものや0になる連立方程式も何題か入れておきます。これは，自分の書いた途中式や答えを確認し，他の生徒に話しかける機会となるからです。

　生徒によって計算にかかる時間が違うので，解き方がわからない生徒は，早く終わった生徒につなげられるようにしていきます。また，解き方を理解しないまま他の生徒の答えを写すだけで終わらせてしまわないように注意しながら，4人グループの様子を見ていきます。

　計算は，生徒によって速さや正確さ，つまずくポイントが異なるので，わからないときにすぐに聞くことのできる4人グループでの学習が効果的です。わからないことや，できていないことをすぐに解決することができます。そして質問された生徒も，答えるために自分の考えをよりわかりやすく整理し，伝えることができるようになるというメリットもあります。このように，日ごろから生徒同士でわからないときに聞き合える信頼関係を築いていくことで，4人グループ学習はより効果的なものになっていきます。（新井　真樹）

| 3年 | 数学 | 多項式 |

共通因数を見つけ出そう！

　4人グループ学習のよさは，生徒全員の学びを保障できることです。例えば，ある生徒が同じグループの生徒に「なぜ $2ab - 6a = a(2b - 6)$ だとだめなの？」と聞いたとします。すると，$2a(b-3)$ とすることが当たり前と思っていた聞かれた生徒も，このことについて再度学び直すことになります。

　数学では一人ひとりつまずくところが違います。講義形式で間違えそうなところを説明しても，それがすべての生徒にとって有意義な説明とは限りません。自分の困っていることをすぐに聞くことができるからこそ，学力差のある生徒たちが共に成長していくことができます。

ワークシート1の問題

(1) $ax - bx$ 　　(2) $2x^2y - 4x$ 　　(3) $6mx - 2nx$ 　　(4) $5x^2 - 10xy$
(5) $xy^2 - x^2y$ 　　(6) $4a^2b - 6ab^2 - 10ab$

ワークシート2の問題

(1) $a(x-y) - 5(x-y)$ 　　(2) $(a-1)^2 - 2(a-1)$
(3) $xy + 2y + x + 2$ 　　(4) $xy - y - 2x + 2$
(5) $ax + 5x - a - 5$ 　　(6) $ab + a - b - 1$

授業のデザイン（数学）

授業者　星野　和史

1　学　級　　3年6組（5校時）

2　テーマ　　因数分解（多項式）

3　ねらい　　共通因数で括ることを理解させ，共通因数を見つけ出せるようにする。

4　材　料　　ノート，ワークシート

5　大まかな流れ（授業の構想）
【1stステージ（15分）】（コの字型机配置，4人グループ学習）
$ax + ay + az$ を因数分解しなさい。
（展開と因数分解の関係を理解させる）
↓
ワークシート1（共通因数で括ることを理解させる）

【2ndステージ（35分）】（コの字型机配置，4人グループ学習）
$(a+2)x + (a+2)y$ を因数分解しなさい。
（共通因数を見つけ出させる）
↓
ワークシート2（$xy + 2y + x + 2$など）

6　「学び合い」で
・教師の役割は「聴く」「つなぐ」「戻す」。
・話すときに立ち位置を意図的に変える（私語の多い生徒の横など）。
・声の大きさを小さくする。
・1分ルールを心がける。
・板書は，「今何をやっているのか」を確認するための道具として使う。また，学び合うための1つの手段として活用する（4人グループで学ぶ生徒もいれば，板書されたものを活用して学ぶ生徒もいる）。

1st ステージ

まず，$a(x+y+z)$ を展開させて，展開と因数分解の関係を説明します。

> $ax + ay + az$ を因数分解しなさい。

T 　各項に共通する文字はなんですか？
S1　a
T 　a を前に出してカッコの中に残ったものを書きます。それではワークシート1の問題を解きましょう。4人グループになって。

　最初は1人で黙々と問題に取り組みますが，時間が経つと答え合わせをしたり，疑問点を質問し合ったりします。
　また，全員が問題を解き終わったグループに対して，問題と答えを板書してもらいます。そうすることで，まだ終わっていないグループとの時間調整を図ります。「〇班に答えを板書してもらったから，それも参考にして」と指示すると，答えが不安だったグループや，グループになかなかかかわれなかった生徒が黒板を確認します。
　この後，コの字型机配置に戻し，「括れるものはすべて括ること」「( )の中を分数にしてはいけないこと」を確認します。

2nd ステージ

> $(a+2)x + (a+2)y$ を因数分解しなさい。

　実際の授業では，$Ax + Ay$ と書いている生徒がいたので，式を板書して

もらい，この生徒がどのように考えたのかを全体に問いかけました。

その後，ワークシート２を配布して４人グループにします。

> (3) $xy + 2y + x + 2$

この問題で，何をすればよいかわからず立ち止まってしまう生徒が増えます。グループでは解決できない状態も見られたので，$x(y+1) + 2(y+1)$ とワークシートに書いていた生徒に板書してもらいます。
「○○君はこんな途中式をつくっていたよ。何をしたんだろうね？」
黒板に意識を向けさせ，各グループが考えを深めるきっかけを与えます。
　状況としては，すべての生徒が(3)で困っているわけではなく，その前の(1)(2)（冒頭の問題の類題）で困っている生徒もいます。グループでだれもできていなかったら，となりのグループに尋ねに行くよう促します。また，困っている生徒がまわりに尋ねられない状況だったら，「となりの○○さんに最初どこに注目すればいいか聞いてみなよ」などと声をかけます。その後，他のグループも巡視しますが，声をかけたグループや生徒の状況も後でチェックし，一人ひとりの学びを保障していきます。数学が苦手な生徒にとって，(3)で $x(y+1) + 2(y+1)$ がつくれたら，１stステージの内容を理解したことになると思います。課題を高く設定することにより，それを解くプロセスからいろいろなことを学ぶことができます。

（星野　和史）

ワークシート２の続き

> (7) $ax + bx + ay + by$　　(8) $mx + x - my - y$
> (9) $a(x-3) + 2x - 6$　　(10) $2x^2 + xy + 2(2x + y)$
> (11) $x(y-1) + (1-y)$　　(12) $xy - y + xz - z$

| 1年 | 英語 | 自己紹介をしよう |

世界の国々の人物になって自己紹介をし合おう！

　この授業では，まず，コの字型机配置でお互いの歌う顔を見ながら英語の歌を楽しみます。そして，その歌に基づいて，一般動詞について理解していきます。

　続いて，4人グループで世界の国の人物になって自己紹介をし合い，異文化理解への第一歩を踏み出します。4人グループでのコミュニケーションの中で，英語の発音を教え合ったり，動詞の意味や使い方についてわからない点を学び合ったりすることができます。

1stステージで使用する「動詞さがしシート」

Q1　カーペンターズの"Sing"の歌詞の中から，be動詞（am, are, is）以外のふつうの動詞をさがして，以下に書きなさい。

Q2　ビートルズの"Love me do"の歌詞の中から，be動詞（am, are, is）以外のふつうの動詞をさがして，以下に書きなさい。

Q3　全部でいくつありましたか。ふつうの動詞を出し合ってみよう。

授業のデザイン（英語）

授業者　中川　学

1　学　級　　1年1組（1校時）

2　テーマ　　自己紹介をしよう

3　ねらい　　1stステージでは，英語の歌を聞いて，その歌詞の中から be 動詞以外のふつうの動詞をさがして，一般動詞の存在に気づかせる。
2ndステージでは，日本以外の国の人物になって自己紹介のスピーチをさせる。
最後に自分自身の自己紹介文を作成させる。

4　材　料　　プリント（①英語の歌詞カード（"Sing" "Love me do"）　②動詞さがしシート　③自己紹介会話シート）

5　大まかな流れ（授業の構想）
・あいさつ
・英語の歌（"Sing" "Love me do"）を聞く。（コの字型机配置）

【1stステージ（15分）】（4人グループ学習）
be 動詞以外の動詞の存在に気づく。
「英語の歌詞の中から，ふつうの動詞をさがしてみよう」

【2ndステージ（35分）】（4人グループ学習）
世界の国々の人物になって，自己紹介をする。
「一般動詞を用いて，4人だけのスピーチ大会をしよう」

(ジャンプ課題)
「自分自身の自己紹介文を作成しよう」

1st ステージ

> 英語の歌詞の中から，ふつうの動詞をさがしてみよう。

　はじめに，英語の歌 "Sing" と "Love me do" を聞きます。コの字型机配置で，歌っている顔をお互いに見ながら，英語の歌を楽しみます。

　次に，4人グループになり，歌詞の中から一般動詞をさがし出す活動を行います。am, are, is 以外の動詞をピックアップして，「動詞さがしシート」に書き出していきます。
　ここでは，活動に入る前に，以下のやりとりで「ふつうの動詞」とは何なのかを確認しておきます。

T　　そもそも，「ふつうの動詞」って何だろう？
S1　 "Strong" は形容詞だよね。「強い」だから。
S2　 "Out" も動詞じゃない。
S3　 "Sing" は歌うだから，動詞だ！
T　　そう，歌うとか歩くとか，動作を表す動詞だよ。そこがポイント！

　日本語に直しながら歌の中身を理解したり，歌のリズムにのって身振り手振りを用いてさがすグループも出てきます。教師は机間巡視を行いながら，行き詰ったり，つまずいているグループを見つけたら，
　「『ふつうの動詞』は動作を表す動詞だよ」
などと，アドバイスの言葉を投げかけていきます。
　さがし出した一般動詞は，生徒を指名して黒板に書いてもらいます。一般動詞について全員が理解できたところで，2nd ステージへと進みます。

2nd ステージ

> 世界の国々の人物になって,自己紹介をします。
> 一般動詞を用いて,4人だけのスピーチ大会をしよう。
> 最後に,自分自身の自己紹介文を作成しよう。

　下記の「自己紹介会話シート」を用いて,世界の国々の人物になり,その人物の気持ちになって自己紹介し合います。

　4人グループになったら,4人のスピーチ人物の中から担当を決め,スピーチ例文の形式に沿って自己紹介の内容を考えます。

　内容が決まったら,何度も発音して,お互いに合っているかどうかを確認します。例えば,Johan と Pierre といった外国人の名前の発音などです。このようにして,自己紹介という課題から,異文化理解へとつながる授業にしていきます。

　4人全員スピーチの準備が整ったら,4人だけのスピーチ大会を行い,最後にジャンプ課題として自分自身の自己紹介文を作成します。　　(中川　学)

2nd ステージで使用する「自己紹介会話シート」

スピーチ人物				スピーチ例文
Sunhee	Alice	Johan	Pierre	My name is _____
Korean	England	Germany	France	I live in _____
Korea	English	German	French	I speak _____
				I eat _____
				I read _____
				I like _____

| 2年 | 英語 | イベントの案内を聞こう |

聞く力と一緒に，書く力，話す力も伸ばそう！

　英語を聞いて理解することに苦手意識をもっている生徒は多くいます。日本語と英語の音の違いに困惑しているのかもしれません。語順の違いを掌握できていないのかもしれません。聞き取りに必要な語彙・統語などの知識が足りないのかもしれません。未知の文化背景が聞き取りを難しくしていることも考えられます。あるいは語句の聞き逃しにより理解が妨げられてしまうこともあるでしょう。このように，英語のリスニングを苦手と感じさせる理由は多くあげられます。

　コの字型机配置と4人グループ学習を用いると，上記のような英語のリスニングに付随する生徒の心理的負担を軽減することができます。例えば，コの字型机配置なら，だれかがつぶやいた英語を周囲が聞くことができ，4人グループ学習なら聞き取ることができなかった部分を班の仲間に即座に聞くことができます。

　ここで紹介する授業は，教科書の章末にあるリスニング問題を扱ったものです。教科書には，聞いて答えを埋める問題が多く掲載されていますが，ただ聞かせて，答え合わせをして，解説しておしまい，という指導では不十分です。

　そこで，コの字型机配置と4人グループ学習の双方を使いながら，聞いたことを書く，話す活動へつなげることで，聞き取る力を高めつつ，書く力，話す力も伸ばしていく指導を考えました。

授業のデザイン（英語）

授業者 飯島　康浩

1 **学　級**　　2年5組（2校時）

2 **テ ー マ**　　昼の校内放送―イベントの案内を聞こう

3 **ね ら い**　　リスニングに，ディクテーションやディクトグロスを組み合わせることで，聞き取る力を高めつつ，書く力，話す力も伸ばす。

4 **材　料**　　教科書，ワークシート，リスニング台本

5 **大まかな流れ（授業の構想）**
　【1stステージ（25分）】
　①聞く前の活動（コの字型机配置）
　　1　語彙の意味・発音の確認
　　2　2つのリスニング問題の内容を予測する
　　　「音楽部のコンサート開催について」
　　　「サッカー部の試合について」
　②聞き取り，相談（4人グループ学習）
　③答え合わせ（コの字型机配置）
　④基本文ディクテーション（コの字型机配置）

　【2ndステージ（25分）】
　⑤ディクトグロス
　　1　2つの要約文を聞き，書き取る（コの字型机配置）
　　2　原文に近いものへ再生，発表（4人グループ学習）

6 **「学び合い」で**
　聞く活動に4人グループで取り組ませることで生徒の心理面の負担を軽減させる。また，聞くだけでなく，仲間と協力しながら書く力，話す力も身につけさせる。

1st ステージ

> どんな情報を聞き取る必要があるのか，予測してみよう。

　どんな情報を聞き取る必要があるのかがあらかじめわかっていれば，リスニングに対するハードルはぐんと下がります。
　そこで，リスニング冒頭にある以下の1文を，生徒に聞かせます。
　Our music club will have a concert.（我校音楽部がコンサートを行います）
　この文に続く内容を聞く前に，どんな情報を聞き取る必要があるのかを考えて発表させ，全体で共有しました。生徒の発表には，「いつ行うのか」「どこで行うのか」「何時に開演するのか」などがありました。リスニングが苦手な生徒も予測は大方できたので，その後は普段よりも積極的に聞く姿が見られ，難しい問題も4人グループの中で協力を得ながら取り組みました。

> 重要英文を聞いて，書き取ってみよう。

　聞いた英語を基に書く力を伸ばすために，ディクテーションを行います。既習の英文の中で，教科書の中で基本文として扱われている以下の2文を聞かせ，下線部を空欄にした形式で書き取らせました。
　<u>It'll</u> start at 5：00 p.m.（助動詞 will を含む文）
　<u>There are</u> 40 members on the team.（There is/are～．を含む文）
　下線部はともに「内容語」ではなく「機能語」なので，速く，低く発音され，生徒にははっきり，理解しやすい音としては聞こえません。しかし，はっきり聞こえない語句はどういう語句なのかを知ることも重要であると考え，あえて機能語を問いにしました。

2nd ステージ

　英語のリスニングは,「聞かせて,答え合わせして,解説して終わり」となってしまいがちです。しかし,このような学習では,聞いて理解する受容能力はつけることができても,自分の考えや意見を英語で発信する産出能力が身につきません。インプットした言語をアウトプットさせることで,その言語が習得されやすくなることは,多くの研究で指摘されています。

　そこで,聞かせた後に短時間でできるアウトプット活動として,ディクトグロスを取り入れてみました。

> 先生が話す英語を書き取り,4人で再生しよう。

　教師がつくった,それぞれ4文からなる2つの英語の要約文を,まずは個人で聞かせ,書き取らせます。ディクテーションとはねらいが異なるので,「書く英文は要約文と意味が近ければOKだよ」と伝えておきます。2回聞かせた後,制限時間内に4人グループで各自書いたものを照合させ,統一した再生文を書くように指示します。

S1　1文目のこの部分,これでいい？
S2　いいんじゃない。私もそう書いたよ。
S3　3文目のこの部分がわからなかった…。
S4　そこは,こんな感じで書いたけど,どう？

　どの4人グループもだいたい書き終わったことを確認できたら,班ごとに発表させます。

（飯島　康浩）

| 2年 | 英語 | Try to Be the Only One |

新垣さんの紹介文を書いてみよう！

　ここで紹介する授業は，まとまった量（200〜300語程度）の英文を読解する単元に位置し，テノール歌手の新垣勉さんの人生の軌跡から，彼のモットーの意味について考えさせます。

　生徒にとってこの単元は手ごわいものです。なぜなら，まず今までに習った知識を存分に使っていかなければならないからです。また，新垣さんの人生を英語で読み，理解しなければならないからです。ただ英語を読んで理解するだけでなく，1つの読み物として考えていくことが多くあります。限られた時間の中で，このようにまとまった量を読んでいくときに有効なのが，4人グループ学習です。

　まず，どんなことが書かれているのかを個人でまとめ，コの字型机配置でひと通り確認，共有した後，4人グループで問いに答えながら，さらに詳しく読み進めます。

　1人では行き詰まって読めなくなってしまう部分も，4人グループでは，「こういうことが書いてあるよね？」「これはこういう意味だよね？」と，生徒同士で確認し合うことができます。同時に，「ここはわからない」，「どういう意味だろう」といったことも共有できます。

　また，モットーの意味を考える場面では，お互いの感じ方が違うことを4人グループで共有しながら，それぞれの言葉で考えをまとめていきます。

授業のデザイン（英語）

授業者　鈴木　かおる

1　学　級　　2年2組（2校時）

2　テーマ　　Try to Be the Only One

3　ねらい　　新垣勉さんの人生を振り返り，彼のモットーである
　　　　　　"Try to be the only one, not just number one" の意味
　　　　　　を理解させ，紹介文を書かせる。

4　材　料　　教科書，ワークシート，ビンゴ，CD，
　　　　　　ピクチャーカード

5　大まかな流れ（授業の構想）
　【1stステージ（25分）】（コの字型机配置，4人グループ学習）
　　①内容確認（教科書 p.68～71）
　　②ワークシート「新垣さんのモットーの意味は？」

　【2ndステージ（25分）】（コの字型机配置，4人グループ学習）
　　③ワークシート「新垣さんの紹介文を書いてみましょう」

6　「学び合い」で
　　1stステージでは，新垣さんのモットーをただ直訳するのではなく，彼の歩んだ人生を踏まえ，生徒自身の言葉で表現させたい。
　　2ndステージでは，新垣さんの紹介文を書くことで，もう一度本文全体を読み返し，話の要点をつかませ，まとめとしたい。

1st ステージ

　まず，コの字型机配置で，ピクチャーカードを用いて，生徒に質問をしながら教科書本文の内容を振り返ります。

　次に本文全体を音読した後，4人グループでワークシートでのまとめに移ります。

> "Try to be the only one, not just number one" とはどういう意味だろう。

　まずは個人で考えていくグループもありますが，さっそく相談しながら進めるグループもあります。

　使われている単語は決して難しいものではありませんが，1つの文としてとらえるとなると，そう簡単ではありません。生徒はまずは一つひとつの単語の意味を考えた後，文としてどうつなげていけばよいかを考えます。辞書の様々な用例と照らし合わせたりしながら，この文の中では単語がどういう意味で使われているのかを考えていきます。そして "the only one" と "number one" の関係について気づいたところで，この文が意味するところをおおよそつかむことができます。

　途中でどうしても先に進めなくなる班が多く出たときは，ヒントを黒板で示したり，各グループに必要なヒントを与えたりして，考えさせます。

　続いて，4人グループのまま意味を学級全体で共有したうえで，次の問いについて考えさせます。

> 新垣さんはどうしてこのモットーを大切にしているのだろう。

　4人グループで意見を交換しながら，モットーの意味をさらに深めていきます。本文全体を振り返り，新垣さんがどうしてこのモットーに行きついた

のか，一人ひとり自分の言葉でワークシートに書くよう指示します。
　この後，いったんコの字型机配置に戻ります。

2nd ステージ

> 新垣さんの紹介文を書いてみましょう。

　実は，この単元の一番最初の授業で，同じ課題に取り組んでいます。全体を1回読んであらすじを確認した後に出した課題です。最初の授業では大まかにしか情報が読み取れないので，3文書くのが精一杯という生徒が少なくありませんでした。最初に出した課題に最後にもう一度取り組ませることで，どの程度内容を理解できたのか，生徒自身が確認できます。
　まずは，紹介文に必要なことは何かを，コの字型机配置で確認し，共有します。

T　紹介文に必要な要素は？
S1　名前，出身地，年齢…
S2　生い立ち。あと，新垣さんのモットーも大切！

　個人で書く時間を5分程度とって，以降は4人グループで進めていきます。教科書を片手に，「こんなことも入れたらいい」「これは必要だ」と話しながら，1人で書いたものに付け足して，紹介文を完成させていきます。1stステージで新垣さんの人生を掘り下げて考えたことを生かそうとする班も出てきます。
　教師はあまり余計な声をかけず，生徒に自由に表現させます。余裕のある班には，文法に誤りがないか，表現が正しいかを確認するように指示を出し，より完成度を高めさせます。
　　　　　　　　　　　　　　　　　　　　　　　　　（鈴木　かおる）

3年 英語 — For or Against（ディベート）

２つの４人グループでディベートをしよう！

　３年間の英語学習のまとめとして，英語でのディベートに取り組みます。日本語でディベートをすることも，中学生にとってはやさしいことではありません。まして英語でのディベートはとても難しいものです。そこで，３年間取り組んできた様々な表現活動の総まとめとして，英語で自分の意見を発表し，相手の考えに対して反対意見を交流し合うディベート練習に取り組むことを英語学習の最終目標に掲げ，４人グループを生かしながら取り組みます。４人グループで意見を相談し，お互いに助け合いながら，他の４人グループとディベートを行います。

◀４人グループで相談

４人グループ×２班でディベート▶

授業のデザイン（英語）

授業者　小澤　和枝

1　学　級　　3年3組（3校時）

2　テーマ　　For or Against（ディベート）

3　ねらい　　給食派と弁当派に分かれてディベートを行い，テーマについて自分の意見を理由とともに英語で言えるようにする。また，相手の意見を聞いて理解し，反論できるようにする。

4　材　料　　教科書，プリント

5　大まかな流れ　（授業の構想）
【1stステージ（25分）】（コの字型机配置，4人グループ学習）
　①あいさつと簡単な英語のQA
　②賛成，反対など意見を言うときの基本表現の練習
　③テーマについての意見を話し合い4人グループでまとめる
　④4人グループで反論の練習をする

【2ndステージ（25分）】（4人グループ×2班，コの字型机配置）
　⑤テーマについてディベートをする
　　（2つの4人グループで行う）
　⑥コの字型配置になり，ディベートの発表をする

6　「学び合い」で
　テーマについて，4人グループで意見をまとめ，協力して意見を考えたり，相手の意見に対する反論を考えたりする。

1st ステージ

> For or Against 賛成意見や反対意見を言おう。

　はじめに，ディベートをするときに必要な，自分の意見を述べるときの表現，相手に対して反対意見を述べるときの表現について確認します。これらの表現をうまく使うとディベートでポイントを獲得できるため，コの字型机配置によって全体で確認し，さらに4人グループで確認させるようにします。教科書の Tool Box ですでに学習しているので，復習として音読し，スムーズに活用できるようにします。

> Boxed Lunch か School Lunch おすすめの理由は？
> 4人グループで作戦を立てよう。

　次に，4人グループで，事前に決めておいたお弁当（Boxed Lunch）派，給食（School Lunch）派それぞれのおすすめ（賛成）の理由をまとめ，ディベートの準備をします（学級全体の4人グループのうち，半分は弁当派，残り半分は給食派となるようにし，それぞれのグループで意見を発表します）。さらに，ディベートの際相手の意見に反論ができるように，相手の意見に対する反対意見と理由をまとめます。

　4人でまとめた意見は，それぞれの生徒が言えるように，お互いに協力しながら練習を行います。また，グループ内で発表順を考えたり，理由や反対意見の表現方法などを確認したりして，グループでより多くのポイントを取るための作戦を考えます。

2nd ステージ

> For or Against Boxed Lunch or School Lunch?
> 2つの4人グループでディベートをしよう。

　テーマについてディベートをします。まずはじめに，弁当派と給食派それぞれの4人グループが横に一列になり，対決する相手グループと向き合う形で座ります。
　そして，用意した意見（おすすめの理由）を発表し，それに相手のグループが反論する形でディベートをします。意見が言えたとき，相手の意見に対して"I see your point, but…"や"I disagree with…"などの表現が使えたとき，さらに相手の意見に対して反論できたときにポイントを獲得できます。ディベート後，グループのポイントを合計して，多かった方のグループが勝ちとなります。

> ディベートの発表をしよう。

　最後に，まとめとして，お弁当派と給食派で一番ポイントの多かった4人グループが代表となり，コの字型机配置の中央に机をそれぞれ1列に並べ，発表をします。

（小澤　和枝）

| 1年 | 社会 | 大陸と海洋の分布 |

いろいろな向きから大陸，海洋をとらえよう！

　地理的分野の最初の授業です。地球儀を使って4人グループ学習を行います。教科書に掲載されている写真資料がそのまま2ndステージの課題として使えるため，授業準備の負担も少なくて済みます。

　従来の授業と違うのは，教師が大陸名や海洋名を生徒に教えない，模範解答を教えない，板書は手順を示すのみ，といったことです。生徒は試行錯誤しながら自ら正解にたどり着こうとするので，支援をしつつ見守ります。

　2ndステージの課題は数学の応用問題のようなイメージで設定しています。応用問題を解きながら基礎的な知識を定着させることを目指します。

授業のデザイン（社会）

授業者　田村　陽子

1　学　級　　1年3組（3校時）

2　テーマ　　大陸と海洋の分布

3　ねらい　　主な大陸と海洋の名称と位置を理解し，その知識を身につけさせる。また，地球儀から有用な情報を適切に選択し，読み取ったりまとめたりすることができるようにする。

4　材　料　　教科書，資料集，地球儀

5　大まかな流れ（授業の構想）
【1stステージ（25分）】（4人グループ学習）
①資料集の，横から見た世界地図に大陸名と海洋名を書き込む。

【2ndステージ（25分）】（4人グループ学習）
②資料集の，北極点付近を中心に見た丸い世界地図，日本の南方を中心に見た丸い世界地図に，大陸名と海洋名を書き込む。
③教科書の，陸が多く見える向きから見た丸い世界地図，海が多く見える向きから見た丸い世界地図を見て，大陸名と海洋名をノートに書く。

6　「学び合い」で
　なぜそこが〇〇大陸（または海洋）と言えるのか，その根拠を確認し合う。

1st ステージ

> 資料集の，横から見た世界地図に大陸名と海洋名を書き込もう。

黒板には作業の手順のみ書き，机の上は筆記用具，教科書，資料集だけ置かせます。

机間指導では，入学後間もない授業ということもあり「4人グループ学習が適切に行われているか」を中心にチェックします。指定された位

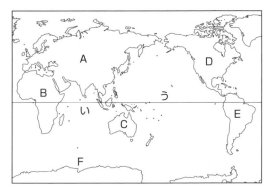

置に机を並べているか，横にかけているサブバッグや机上のペンケースが学び合いの妨げになっていないか，他のグループの生徒と話をしている生徒がいないか，仲間の答えを丸写ししようとする生徒がいないか等に注意し，教室全体を広く見渡します。

わからなくて困っている生徒にはヒントを出します。困っている生徒が少ない場合は4人グループ内だけで話し合わせますが，困っている生徒が多い場合は，いったん座席をコの字型机配置に直して全員で確認を行います。

T 何を手がかりにしたら大陸名がわかったか，確認してみよう。
S1 オーストラリア大陸は一番小さい。
S2 アフリカ大陸は砂漠があるから白っぽい。
S3 アフリカ大陸はユーラシア大陸とつながってるから，ユーラシア大陸がみつかればアフリカ大陸もわかる。
T いろいろヒントが出たね。じゃあ，今のヒントを基に調べてみよう。

2nd ステージ

> 資料集の，北極点付近を中心に見た丸い世界地図，日本の南方を中心に見た丸い世界地図に，大陸名と海洋名を書き込もう。
>
> 教科書の，陸が多く見える向きから見た丸い世界地図，海が多く見える向きから見た丸い世界地図を見て，大陸名と海洋名をノートに書こう。

1stステージと違い，生徒にとってなじみの薄い地図なので，困っている生徒が出てきたら，地球儀を配り始めます（球径13cm程度の小さな地球儀は，収納ケースにまとめて入れて運搬・保管ができ，4人グループ学習に適しています）。

ここからの机間指導は地球儀の使い方を中心に声をかけます。独り占めしている生徒には，4人で一緒に見たり交替で見たりするよう指導します。

陸が多く見える向きから見た丸い世界地図

答え合わせもグループごとに行います。「この答えで合っている」と思われる根拠もみんなで確認し合います。根拠とあわせて知識を共有することで，1人で学習するより知識がしっかり定着します。

テストは後日2回行いました。1回目は小テストとして1stステージのような地図を使って基礎的な知識の定着を確認しました。2回目は定期テストで，2ndステージのような丸い地図で出題し，基礎的な知識を活用する力が身についたかを確認しました。学年の正答率は「ユーラシア大陸」と「オーストラリア大陸」が9割，「南アメリカ大陸」と3海洋の組み合わせが3分の2程度でした。

（田村　陽子）

2年 **社会** 　　明治維新の三大改革

明治の三大改革が人々に与えた影響について考えよう！

　コの字型机配置は，生徒同士がお互いの顔を見て授業を受けることができるのがよい点です。教員の立場から見ても，常に生徒の近くに行って指導できることはメリットです。

　4人グループ学習では，探究する課題を与え，生徒同士が他者の意見を聞くことにより，自分の意見をさらに深いものにすることができます。

　筆者自身は授業規律を第一に考えているので，4人グループのときに多少ざわついてしまうことに注意すること，コの字型机配置に直すときの切り替えをうまく行うことを常に念頭に置き，授業を展開しています。

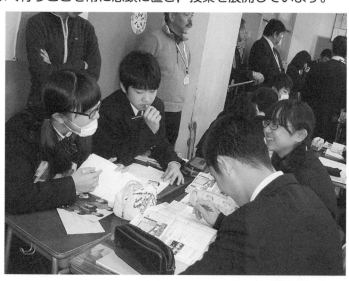

授業のデザイン（社会）

授業者　三國　武

1　学　級　　2年6組（5校時）

2　テーマ　　明治維新の三大改革

3　ねらい　　「富国強兵」や「学制」について理解させ，人々の生活にどのような影響を与えたのかを考えさせる。

4　材　料　　教科書，資料集

5　大まかな流れ（授業の構想）
　【1stステージ（30分）】（4人グループ学習，コの字型机配置）
　①前時の復習
　②「富国強兵」のうち，"強兵"に関して，どうすれば強い軍隊になるのか，4人グループで意見を出し合わせる。
　③兵役の免除規定について考えさせる。

　【2ndステージ（20分）】（コの字型机配置，4人グループ学習）
　④「学制」に関して，多くの子どもが学校に行かなかった理由を4人グループで考えさせる。
　⑤（時間があれば）「地租改正」を行った理由を4人グループで考えさせる。

6　「学び合い」で
　自分では気づかなかった見方などを知ることで，考えを深めさせる。

1st ステージ

　復習の後，富国強兵の意味を生徒に尋ね，教師が説明をする。そして，4人グループで次の課題について話し合わせ，ワークシートに書かせる。

> 日本の軍隊を強くするには，どうすればよいだろう。

S1　武器を強くする（新しい武器を輸入する）。
S2　兵の数を増やす。
S3　兵を鍛える。

　ここで，コの字型机配置に戻して，以下のように授業を展開していく。
T　兵の数を増やし，兵を鍛えるために政府が出した命令は何ですか？
S4　徴兵令です。
T　では，兵役を免除されたのはどんな人たちでしょうか？
　ここで，学級の何人かが20歳になっても，兵役を免除されることを伝え，その共通点を考えさせる。
S5　免除されるのは，長男です。
　長男以外にも，身長やけが，病気，代替え料など様々な免除規定があったことを説明する。
T　当時，徴兵を逃れるために人々が行ったことは何でしょうか？
S6　わざと階段から落ちて，怪我をする。
S7　仮病を使う。
S8　借金して代替え料を払う。
T　他には？　長男であればいいんだよね？
S9　跡取りのいない長女と結婚して，婿に入ればいいんだ！

❷nd ステージ

　２つめの改革として，学制を取り上げる。
T　　日本人のレベルを上げるために，政府が行った命令は何でしょう？
S10　学制です。
T　　教科書の絵（当時の小学校の授業風景）を見て，今の学校と違う点は何でしょうか？
S11　机がない。
S12　教科書がなく，掛図を使って授業をしている。
　ここで資料集にある小学校の出席率のグラフに注目させ，多くの小学生がほとんど通っていないことを確認する。中でも，女子の出席率が圧倒的に低いことに気づかせる。

　再び，４人グループになり，次の課題について話し合わせ，ワークシートに書かせる。

> 　学制が発布されたのに，国民の多くが子どもを学校に行かせなかったのはなぜだろう。

S13　お金（授業料）が高い。
S14　学校が家から遠く，通いづらい。
S15　家の手伝いとかで働かなければいけないから。

　この後，時間があれば「地租改正」を行った理由を４人グループで考えさせる。

（三國　武）

| 3年 | 社会 | 欧米諸国のアジア侵略 |

欧米諸国がどのような行動を起こしたのか追究しよう！

　生徒を学びの世界に引き込む最も効果的な方法の1つが「モノとの出会い」です。特に，社会科は「モノとの出会い」を有効に使える教科ではないでしょうか。

　この授業では「骨と皮だけになったアヘン中毒者の写真」を提示することにしました。

　写真を掲示するときは何も言いません。教師は無言で電子黒板に映し出します。教室は一瞬シーンと静まり，続いて「何これ？」「気持ち悪い！」「病気…？」といった生徒の反応が出始めました。

授業のデザイン（社会）

授業者　安西　純子

1　学　級　　3年3組（5校時）

2　テ ー マ　　欧米諸国のアジア侵略

3　ね ら い　　産業革命を遂げたイギリスを中心に，欧米諸国がアジアに向けてどのような行動を起こしたのかについて追究させる。

4　材　料　　教科書，資料集，ワークシート，写真資料

5　大まかな流れ（授業の構想）
【1stステージ（15分）】（4人グループ学習）
「なぜ，中国にアヘン中毒者が急増したのだろうか」
イギリスがつくった三角貿易の意図を探る。

【2ndステージ（35分）】（コの字型机配置，4人グループ学習）
「アヘンをもたらされた中国は，その後どうしたのだろうか」
アヘン戦争から太平天国の乱の流れを探る。

（ジャンプ課題）
「太平天国の乱を収めるのに，なぜ，イギリスやフランス，アメリカが乗り出してきたのだろうか」
欧米諸国がねらうアジア侵略に気づく。

6　「学び合い」で
　教師が先導するのではなく，生徒の反応・発言を拾うことで学び合いにつなげ，展開していく。また，学び合いとまとめる個人作業のメリハリをきちんとつけるように留意する。

1st ステージ

　アヘン中毒者やアヘン窟の写真を数枚見せて，何をしているのか，どうして骨と皮だけになってしまったのかを生徒に尋ねます。反応を見ながら，アヘンを吸っているパイプ部分に写真をクローズアップして，「何か吸っているようだよ」「タバコ？」「麻薬？」といったつぶやきを引き出し，アヘンという薬物があることを伝え，人体への影響を説明します。

> なぜ，中国にアヘン中毒者が急増したのだろうか。

T　19世紀，中国人男性の4人に1人は中毒者だったとも言われています。このような中毒者が中国（清）に急増しました。なぜでしょうか？

　発問後ワークシートを配布し，すぐに4人グループにします。はじめはヒントなしで生徒に自由に考えさせますが，様子を見てヒントを出します。
T　中国の人たちは好きでアヘン中毒になってしまったのでしょうか？
S　身体はボロボロになりたくないよね…。中毒にされたのかな？
　このようなやりとりで，第三者が介在したことを予測させます。
　そして，教科書や資料集で当時の中国のことを調べながら，18世紀から19世紀にかけての中国，イギリス，インドという3か国の貿易の様子を整理します。

　右のような図の空欄に国名を記入し，矢印で貿易の流れを示しながら貿易の品目などを書き添えて三角貿易の関係図を4人グループで完成していきます。

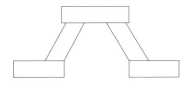

　教師は各グループの進み具合を見ながら，段階的に関係図を板書していきます（この後，コの字型机配置に戻す）。

2nd ステージ

> アヘンをもたらされた中国は，その後どうしたのだろうか。

S　怒る。イギリスをやっつける。イギリスと戦う。
T　そう，戦争が始まります。その名も「アヘン戦争」です。教科書の絵を見てください。アヘン戦争の様子を伝えるものです。この絵には，船が何そうも描かれています。どれが清でどれがイギリスの船でしょうか？

　ここで多くの生徒が大きな帆の船をイギリスと間違えるので，イギリスの船は蒸気船であることを説明します。蒸気船は産業革命で既習であるため，イギリスが圧勝したことに生徒も納得します。

T　アヘン戦争の結果どんなことが起きたのでしょうか？

　ここからは4人グループで調べさせます。不平等な南京条約を結ぶことになった経緯を調べた生徒たちは，さらに民衆の反乱（「太平天国の乱」）が起こっている事実に気づきます。この間4人グループの思考の妨げにならないように，教師は無言でヒントを部分的に板書します。
　進みが速いグループでは，「洪秀全は中国人なのに，どうして清と戦ったのか」という疑問がわきました。さらに，清に欧米諸国が味方していることにも気づきます。そこで，ジャンプ課題を出します。

> 太平天国の乱を収めるのに，なぜ，イギリスやフランス，アメリカが乗り出してきたのだろうか。

　欧米諸国がアジアに進出してくる目的に迫ることで，インドの植民地化やペリー来航につなげていきます。

（安西　純子）

| 2年 | 理科 | 化学変化と原子・分子 |

カルメ焼き,ホットケーキで見られる穴の正体を探ろう！

　2年の化学変化に関する単元の導入です。物質がどのようなもので成り立っているのかを，実験等を通じて考えていきます。理科室で行う実験は，4人グループで行います。

　実験の結果が何を意味しているのかを4人グループでの学び合いで十分に検討し，考察をまとめていく学習を中心に進めていきます。1stステージを実験の説明および実験の時間とし，2ndステージは実験結果を4人グループで検討し，考察をまとめる時間とします。

授業のデザイン（理科）

授業者　荒川　篤彦

1　学　級　　２年２組（３校時）

2　テーマ　　化学変化と原子・分子

3　ねらい　　カルメ焼き，ホットケーキにふくまれているベーキングパウダー（炭酸水素ナトリウム）を加熱したときに，どのような変化をするのか実験で確かめ，カルメ焼き，ホットケーキのでき上がりにどういう変化を与えるのかを化学変化の視点で考えさせる。

4　材　料　　炭酸水素ナトリウムを加熱する実験器具，ワークシート

5　大まかな流れ（授業の構想）
　【1stステージ（25分）】（４人グループ学習）
　①カルメ焼き，ホットケーキで見られる穴の正体を予想し，自分なりの結論を出す。
　②実験を行う。

　【2ndステージ（25分）】（４人グループ学習）
　③結果をまとめ，穴の正体について考察する。
　④疑問点の解決方法について考える。

6　「学び合い」で
・結果について４人の意見を出し合い検討させる。
・結果だけでなく，実験の経過を振り返り，その結果に至る化学的な現象について検討させる。
・意見交換の中で疑問点の解決策を考えさせる。

1st ステージ

カルメ焼き，ホットケーキで見られる穴の正体を探ろう。

まず導入で，普段食べているホットケーキ，カルメ焼きのふくらみが炭酸水素ナトリウムに関係していることを説明します。

T 　炭酸水素ナトリウムを熱するとどうなる？
S1　穴を開けるものが出てくる。
S2　何かの気体じゃない？

その後，4人グループで実験を行います。

2nd ステージ

実験のまとめ，考察（レポート）を実験プリントに記入させます。実験プリントには，実験手順の説明とともに，結果，考察，感想を記入する欄をそれぞれ設けています。

特に，考察のスペースを大きくとり，整理された実験結果について，その意味することを4人グループで検討したうえで書かせるようにします。

教科書，資料集にも目を通しながら，「実験の結果から何が言えるのか」「この実験での疑問点は何か」「その疑問を解決するためにはどうすればよいのか」等について考察し，まとめます。

最初は，教科書を丸写ししてしまう生徒も見られるため，教科書，資料集は参考にして，あくまで自分自身の考察を書くように指導していきます。4人で検討することによって，教科書には書かれていない気づきもあり，その

気づきからさらに深く考察することができようになります。

考察を書く時間は，20分程度とります。

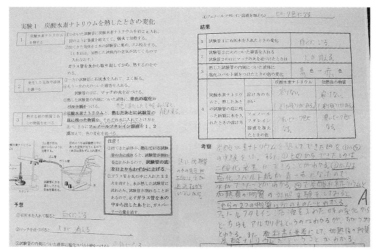

考察は，基本的にA・B・Cの3段階で評価することにしていましたが，実際に評価をしていくうちに，気づきのレベル，まとめ方のレベルなどを考慮し，B○，B◎など，より細かい評価をすることになりました。

また，考察のどの部分をプラスに評価しているのかをわかりやすくするために，赤ペンで記述にアンダーラインを引きました。表現の方法についても評価し，手順よく説明しているものなどについては，プラス評価をするようにしました。

このような一つひとつの評価が生徒にとっては励みになり，より真剣に学習に取り組む大きな動機付けになっているものと考えます。

感想欄には，「これからの実験も工夫してできたらよいと思う」「今回のような方法で調べたり，何かを参考に調べたりしたい」「自分たちで分担を決めて役割を果たせるようにがんばりたい」など前向きな感想を記入している生徒も多く見られました。

（荒川　篤彦）

| 2年 | 理科 | | 消化と吸収 |

だ液のはたらきを調べよう！

　消化液，消化酵素のはたらきを，実験を通して見いだす授業です。
　4人グループ学習とコの字型机配置のよさを発揮するため，普通教室で実験をしながら考察できるように新しい実験方法を活用した授業です。平常行う実験と異なり，すべての操作を体温程度の温度で行い，身体の中で起こっていることを実感させます。
　実験は4人グループで行います。実験結果のまとめや考察を4人グループで行うことで，学びを深めます。そして，コの字型机配置でまとめや考察の共有をはかり，さらに学びを深めていきます。

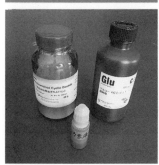

授業のデザイン（理科）

授業者　小澤　忠雄

1　学　級　　2年5組（5校時）

2　テーマ　　消化と吸収

3　ねらい　　個人の実験を，グループで質問し合いながらやり遂げられるようにする。また，だ液のはたらきでデンプンが分解して糖に変わることを理解させる。

4　材　料　　代用デンプン（クラスターデキストリン），ヨウ素液，糖発色試薬（グルコースCⅡテストワコー），マイクロチューブ，綿棒

5　大まかな流れ（授業の構想）
　【1stステージ（30分）】（4人グループ学習）
　　①実験Ⅰ　代用でんぷんにヨウ素液 or 糖発色試薬を入れる
　　②実験Ⅱ　代用でんぷん＋だ液にヨウ素液 or 糖発色試薬を入れる

　【2ndステージ（20分）】（コの字型机配置，4人グループ学習）
　　③だ液のはたらきでデンプンが分解して糖に変わることの確認
　　④実験でなぜ手で温めたのかの確認

6　「学び合い」で
・モノとの対話…実験Ⅰ，Ⅱ
・ヒトとの対話…結果を予想し，言葉で表現する。
　　　　　　　　まとめと考察を，言葉で表現する。

1st ステージ

> だ液のはたらきを調べよう。

　各自がマイクロチューブに代用デンプン（クラスターデキストリン）を入れ，だ液を入れたものとだ液を入れないものをつくります。それを体温で温め，その後，ヨウ素液と糖発色試薬（グルコースCⅡテストワコー）を入れて色の変化を観察します。

　実験をする際，生徒は操作にとらわれがちです。そこで，色の変化に着目させられるように，操作は「マイクロチューブに入れる」「だ液を入れる」「試薬を加える」「手で温める」と簡易化します。そして，色の変化に着目して，色の変化からわかることを考察していきます。

T　　だ液を入れないマイクロチューブの変化を観察しよう。（実験Ⅰ）
S1　ヨウ素液を入れたら，青紫色になったよ。
S2　糖発色試薬を入れても，色の変化が起こらないね。
S3　つまりデンプンはデンプンのままだね。
S4　何も起こらないってこと？

T　　だ液を入れたマイクロチューブの変化を観察しよう。（実験Ⅱ）
S1　ヨウ素液を入れても，色が変わらないね。
S2　糖発色試薬を入れたら…，あっ，ピンクに色が変わった！
S3　糖発色試薬で色が変わったということは，糖なの？
S4　そうだよ。糖があるという証明だ。

2nd ステージ

> だ液を入れる前と後で指示薬の色の変化が異なるのは，だ液がどのようなはたらきをしたからなのだろうか。

続いて，コの字型机配置で共有をはかります。

生徒に結果を発表させると，「ヨウ素液を入れたら，青紫！」「糖発色試薬を入れたらピンク！」と色が変わったことに着目した発言が目立ちますが，色が変わらないことにも着目させます。

	ヨウ素液	糖発色試薬
だ液なし	青紫色	茶色（変化なし）
（考察）	デンプンがある	糖がない
だ液あり	茶色（変化なし）	ピンク色
（考察）	デンプンがない	糖がある

そして，デンプンの変化について改めて検討させます。4人グループで検討させ，デンプンが糖になったことを押さえます。

続いて，デンプンを糖に変化させたものは，だ液であるということを押さえます。

以上の確認ができたら，この実験ではなぜ手で温めたのかということを生徒に問います。そして，消化酵素のはたらきやすい温度が存在することに気づかせ，自分の体内の変化であることを想起させて，ヒトの体の仕組みについての探究心を育てます。

（小澤　忠雄）

| 3年 | 理科 | 月の運動と見え方 |

月がいつ，どの方位に見えるのかを考えよう！

　金星の満ち欠けについて学習する前に，もっと身近な月の形とそのときの太陽・月・地球の位置関係，いつ，どの方位に見えるかを模型を使いながら理解させる授業です。

　天体の動きは，三次元で，しかも自転する地球から見ているので，中学生には難しい学習内容です。そこで，はじめにコの字型机配置でこの時間に何を考察するのかを簡単に説明したうえで，月の形と3天体の位置を4人グループで学習します。そして，いろいろな形の月がいつ，どの方位に見えるかを考えます。また，考察する際には，下のようなフラフープ模型を自由に使わせます。

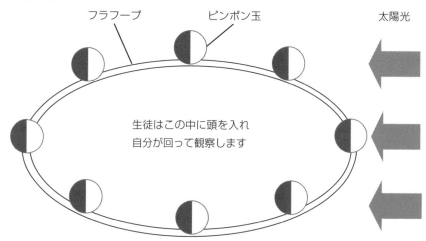

授業のデザイン（理科）

授業者　久保田　恵子

1　学　級　　3年4組（3校時）

2　テーマ　　月の運動と見え方

3　ねらい　　地球から見た月の形から，太陽・月・地球の3天体の位置関係を考えさせる。また，いろいろな月がいつ，どの方位に見えるかを明らかにさせる。

4　材　料　　プリント2枚，フラフープ模型（科学教育研究協議会ニュースに掲載されていたものを参考に作成。黒と黄色に半分ずつ塗ったピンポン球8つをフラフープに貼りつけたもの）

5　大まかな流れ（授業の構想）
【1stステージ（20分）】（コの字型机配置，4人グループ学習）
月の形から，地球から見た月の位置を考える（フラフープ模型を4人グループで1つ利用して月の満ち欠けを疑似体験する）。

【2ndステージ（30分）】（コの字型机配置，4人グループ学習）
逆三日月（25日目くらいの月）がいつ（朝・真昼・夕方・深夜），どの方位（東・西・南・北）に見えるかを考える。
さらに，西の三日月，中空の上弦の月，昇る満月，下弦の月，それぞれの見え方と動きを，3天体の位置も含めてまとめる。

6　「学び合い」で
　フラフープ模型を使って，4人グループで交替しながら，一人ひとりが月が満ち欠けしていく様を疑似体験し，方位や時刻についても協力しながら考えを深めていく。

1st ステージ

　はじめに，コの字型机配置で，地球から見た月の形と，地球の周囲を公転する月（8箇所）と太陽光を表したプリント1を配ります。
　そして，以下の課題を提示し，4人グループで取り組ませます。

> 月がそれぞれの位置にあるとき，地球からどんな形に見えるでしょう。

　考えを進めるために，フラフープ模型（フラフープに，半分ずつ黄色と黒に塗ったピンポン球を8個貼りつけたもの）をグループに1つずつ与え，必要なら使うように指示します（実際の授業では，結局すべてのグループが模型を使いました）。グループの様子を見ながら使い方が適切でないグループには声をかけます。
　課題に取り組んでいるうちに，形以外に位置関係に着目するグループが出てきます。

S1　この位置（太陽と月が重なって見えるところ，つまり新月）にあると，太陽が見えない。
S2　これって，日食だよね？　でも，日食はめったに起こらないけど…。
T　　模型は距離も大きさも本物とはずいぶん違います。実際には，月までは38万km，太陽までは1億5000万kmで，400倍近くも太陽は遠いからね。
S2　そうか，3つが全部重なるのはなかなか大変だ。
T　　月食はどうでしょうか？　考えてみましょう。

　生徒がおおよそ形と位置関係をわかってきたと判断したら，2ndステージへと進みます。

❷ⁿᵈ ステージ

　いったんコの字型机配置に戻して次の課題を提示した後，再び４人グループでこの課題に取り組ませます。

　逆三日月（25日目くらいの月（　🌙　））は，
　①いつ〔朝・真昼・夕方・深夜〕
　②どの方位〔東・西・南・北のどこの空〕
　に見えるでしょうか。

　太陽・月・地球の位置関係から，①（いつ）は比較的わかりやすいようですが，方位がわかりにくいようです。なかなか理解できないグループも出てくるので，１名出張してもよいことにします。
　半数ぐらいがわかったら，いったん止めて，次の作業に進みます。

T　　月は自分では光を出していません。でも光っているのはなぜですか？
S３　太陽の光を反射して光っています。
T　　そうですね。そのことを頭に入れて，次のプリントをやってみましょう。

　プリント２（自分を中心に，地平線と東西をかいた図に，西の三日月，中空の上弦の月，昇る満月，下弦の月の４通りを表したもの）を配り，それぞれに太陽を記入し，いつ見えるかを書かせます。さらに，４つそれぞれ時間経過でどう動いていくか，太陽との位置関係を考えながら12時間後の位置を書かせます。

（久保田　恵子）

2年　技術　材料と加工に関する技術

透明で強度の高い素材の正体を探ろう！

　この授業では，座学として，材料の性質や特徴，そして材料の違いによる強度などを4人グループで考えながら学んでいきます。また，技術室では通常教室のようにコの字型机配置にはできないので，ICT機器を活用し，教師が自由に移動することで疑似的にコの字型を形成しています。

　実習においては，座学で学んだプラスチックの特徴を意識しながら，下の写真のような「二足歩行ロボット」を製作していきます。4人グループを活用することにより，互いに学び合いながら自分が直面している課題を解決していきます。

授業のデザイン（技術）

授業者 吉見　啓佑

1　**学　級**　　2年3組（5校時）

2　**テーマ**　　材料と加工に関する技術

3　**ねらい**　　プラスチックの特徴と性質を理解させる。

4　**材　料**　　パワーポイントによる提示資料，二足歩行ロボット

5　**大まかな流れ（授業の構想）**
　【1stステージ（15分）】（4人グループ学習）
　水槽の透明の部分は，何で，どのようにできているのだろう。

　【2ndステージ（10分）】（4人グループ学習）
　軽量で強いこのコップは，どんな素材でできているのだろう。

　【実習（25分）】（4人グループ学習）
　二足歩行ロボットの材料であるプラスチックの特徴を意識しながら，4人グループで製作活動と課題解決を行っていく。

6　**「学び合い」で**
　まず，美ら海水族館にある大きな水槽が何でできているのかを4人グループで考えさせる。その後，透明で強度の高いコップの素材を考えさせたうえで，再び水槽の素材を確認する。

1st ステージ

> 水槽の透明の部分は，何で，どのようにできているのだろう。

　まず，美ら海水族館にある大きな水槽の映像を見せ，何でできているのかを4人グループで考えさせます。

S1　ガラスでできていると思う。
S2　でも，ガラスの水槽だと，ジンベイザメがぶつかったら割れてしまうんじゃないかな？
S3　そもそも，こんなに大きい（高さ約8m，幅約20m）水槽をガラスでつくることって本当に可能なのかな？
S4　難しそう…。
T　ガラスと同じように透明でもっと強い素材って何かあるかな？

　上のやりとりのように，映像を見ると，生徒は水槽がガラスでできていると考えがちです。しかし，4人グループによるやりとりの中で，強度等に対する疑問を投げかける生徒が出てくるので，教師はガラスと同様に透明で，もっと強度の高い素材にどのようなものがあるかを考えさせます。

2nd ステージ

　1stステージの後，答えは教えずに，プラスチックの特徴について授業を展開していきます。
　プラスチックの特徴について学習した後，透明なコップの画像を映し出し，次の課題を提示します。

> 軽量で強いこのコップは，どんな素材でできているのだろう。

　この課題は再び4人グループで取り組ませ，生徒から「アクリル」という答えを導き出します。

　そしてこの後，1stステージに再度戻り，水槽の透明の部分が何でできているのかを改めて生徒に問います。美ら海水族館の巨大水槽「黒潮の海」の窓には，高さ8.2m，幅22.5m，厚さ60cmのアクリルパネルが用いられています。

　この後の実習における「二足歩行ロボット」の製作では，座学の内容を踏まえて，ロボットの材料であるプラスチックの特徴を意識しながら，4人グループで製作活動と課題解決を行っていきます。

　なお，この授業はユニバーサルデザインの観点と構造化を取り入れ，生徒が自ら適切な行動を選択できるように環境調整を行っています。例えば，スライド内にプログレスバーやタイムタイマーを提示することで，4人グループでの活動がよりスムーズに行えるように工夫しています。　　　　　　　　　　　　（吉見　啓佑）

| 2年 | 家庭 | 調理と食文化 |

梨の皮剥き大会にチャレンジしよう！

　調理実習では，みんなでつくり，食べる喜びを実感することができます。ここで紹介する「梨の皮剥き大会」は，調理実習スタート時，第1回目に行っています。小学校の実習では，一部の生徒のみ包丁を手にする場合が少なくありません。そこでこの授業では，必ず包丁を全員が手にし，どうやったら長く剥き続けられるか，捨てるところを少なくできるかを4人グループでアイデアや工夫を出し合いながら考えさせます。

　長さについては個々の技量によるところが大きいものですが，捨てるところを少なくすることに関しては，包丁が苦手でも学び合いを通して様々な工夫を試みることができます。

授業のデザイン（家庭）

授業者 柳岡 まゆ

1 **学　級**　　2年（1，2校時）

2 **テーマ**　　調理と食文化

3 **ねらい**　　皮を長くつなげて剝くことができるようにする。また，捨てるところができるだけ少なくなるように（廃棄率が低くなるように）剝くことができるようにする。

4 **材　料**　　梨，包丁，まな板

5 **大まかな流れ（授業の構想）**
  【1st ステージ（20分）】（4人グループ学習）
  ①皮剝き大会のねらいとルールの確認，個々の目標設定
  ②皮剝き大会のねらいを達成するための工夫を考える

  【2nd ステージ（80分）】（4人グループ学習）
  ③皮剝き大会（できるだけ長く，捨てるところが少なくなるように剝き方を工夫する）

6 **「学び合い」で**
　安全や衛生に気をつけながら包丁を扱わせ，今後の調理実習に対しての意欲を高める。また，個々の技能差は認めつつ，グループでアイデアや工夫を出し合いながら取り組ませる。

1st ステージ

　はじめに，皮剥き大会のルールとねらいを確認し，個々の目標を設定させます。その際，教師が梨の皮をぐるりと一周剥いてみせ，包丁の扱いの確認をします。
　一番長く剥けた皮が計測対象です。その後，芯を取り除きますが，基本の等分は示しつつも，廃棄率を低くするための梨の等分や芯の取り除き方は，4人グループで考えさせます。

どのように切ったら，包丁が苦手な人も捨てるところができるだけ少なくなるように芯を取り除けるか考えよう。

S1　普通に等分して，芯をとればいいだけじゃないの？
T　包丁の経験が乏しい人や苦手な人にとって，梨を片手に持ち，もう片方の手で包丁を持って芯を取り除くことは簡単ではないんです。

　ここで，梨を置いたまま芯を取り除くために，「包丁で切る」という発想で方法を考えると，だれでも取れる方法が見つかるかもしれない，ということを伝えます。
　皮の長さは個々の力量によるところが大きいのですが，包丁が苦手な生徒でも，芯を取り除く部分を工夫すれば，梨の廃棄率18％以下をクリアできます。しかし，その方法を教師が事細かに説明するのではなく，上記のようにヒントを出しながら，4人グループでアイデアや工夫を出し合わせるようにします。

2nd ステージ

　この後，皮むき大会に入ります。
　グループの半分が前半に皮を剥き，もう半分は審判になります。
　「5秒前，4，3，2，1，スタート！」
　梨に顔を近づけ，腕もしびれるほどに緊張している生徒。包丁を持つ手に力が入ります。皮を長～く剥こうとしている間は，途中で切れないように真剣で，教室の空気もピンと張り詰めています。
　梨を等分し，芯を取り除くところからは，少し生徒たちもリラックスモードに入り，アドバイスの声も飛び交います。

　この授業では，教室での授業とはまた違った生徒の表情が見られます。みんなで実習を通して学び合い，工夫や結果を共有することで刺激し合い，「調理の技術を高めたい」という意識が高まっていく様子を見てとることができます。

梨を置いたまま芯を取り除く

皮の長さ・梨の可食部の計測

（柳岡　まゆ）

3年 | **音楽** | 合唱で伝えたいイメージ

課題曲のイメージを考えよう！

　実技教科における４人グループ学習のよさは，互いの学習状況や成果を生徒同士で確かめ合えることです。

　例えば，歌唱にふさわしい表情をつくるにあたり，教師１人で学級全員に声をかけることには限界があり，４人グループでの生徒同士の声かけの方が，より短時間で質の高い学びを保障できます。

　「まゆが動いてないよ！」とか「声がいいね！」などと声をかけ合う中で，ほとんどの生徒たちが笑顔になっていくのがわかります。音楽の表情で最も大切な「スマイルポジション（笑顔）」が，意図せずして浸透していくのです。同じことを教師が言ったとしても，どうしても上から目線になり，生徒の表情にもそれが反映されてしまいます。

　このように，生徒たちにとって，４人組で顔を合わせ，声をかけ合うということが，表現の工夫という音楽の重要な課題を乗り越えていくにあたり，大きなポイントになっていると言えます。

　また，変声期と思春期が重なり，音楽表現が難しくなるこの時期，特に落ち着きのない生徒やはずかしがる生徒にとって，４人グループにおける生徒同士のコミュニケーションは大きな支えになります。

　こういった積み重ねが学級の絆を深め，ひいては合唱コンクールなど大きな学校行事での成果にもつながっていくと考えられます。

授業のデザイン（音楽）

授業者　相馬　孝洋

1　学　級　　3年5組（5校時）

2　テーマ　　合唱で伝えたいイメージ

3　ねらい　　歌うときの表情を確認し合ったり，曲のイメージを考えたりすることを通して，表現の工夫を高めることができるようにする。

4　材　料　　「いま　ここ」楽譜（プリント），ワークシート

5　大まかな流れ（授業の構想）
　【1stステージ（15分）】（4人グループ学習）
　　①ブレスの確認（ペア）
　　②表情の確認（4人グループ）
　　③強弱の確認（全体）
　　④生徒による指揮・伴奏を入れて合唱（全体）

　【2ndステージ（35分）】（4人グループ学習）
　　⑤課題曲「いま　ここ」のイメージ（季節，温度，時間）を書く。

6　「学び合い」で
・常に生徒の目線で問いかける（「音はわかった？」「イメージはどんな感じ？」など）
・生徒同士の会話から学びをつなげていく（生徒の言葉を大切に拾う）
・「1分ルール」を徹底する（寝ていたり，やらない生徒にもまずは「どうしたの？　大丈夫？」と優しく声かけをする）
・難しい課題を与えるときには，必ずワークシートや板書で具体例を示し，答えやすくする。

1st ステージ

　授業のはじめのあいさつで起立したまま体をほぐし，簡単な声出しをしながらブレス，表情，強弱の確認を行います。
　ブレス（ペア学習）の確認の後，表情の確認（4人グループ学習）を行います。

T　　表情を確認しましょう。表情で気をつけるべきポイントは何かな？
S1　　まゆ。
S2　　それよりスマイルでしょう！
T　　スマイルは表情の基本です。S2くん，よくわかったね！　それから，まゆの動きは自分ではわからないからといって，甘やかしていけません。互いに厳しくチェックしてアドバイスし合いましょう。

　4人グループになると，生徒たちの雰囲気は和気あいあいとしたものに変化し，「歌うぞ」という顔つきになります（話をゆっくり聞かせたり，説明をしたりする際には，コの字型机配置が適しています。そして，できるだけ説明の時間を短くするようにします）。
　全体の様子を見て，全員が終わる前に声をかけ，次の作業に入ります。

T　真剣にやればやるほど怖い顔になりやすいから，リラックスして笑顔を心がけよう！

　生徒たちは互いの顔を見合わせて思わず苦笑いしました。実技テスト前になると，生徒の顔つきは真剣になり過ぎ，声が固くなって力を出し切れない場合があります。こういったときこそ，4人グループでの取り組みが，歌いやすい，安心できる雰囲気をつくり出してくれます。

2nd ステージ

> 課題曲「いま　ここ」のイメージを書いてみよう。
> ①どんな季節のイメージ？
> ②どんな温度のイメージ？
> ③どんな時間のイメージ？

　上の課題が書かれたワークシートを配り，黒板に①～③の例が示された模造紙を貼ります（ワークシートにも例は示されています）。

T　わからなければいつものように４人グループで聞いてもいいし，黒板を参考にしても構いません。

　実際の授業では，すぐに終わってしまう生徒がいたので，ワークシートに書かれた例にもう一度注目するように声をかけました。すると，まわりの生徒も身を乗り出して一緒に確認していました。
　早く終わった原因は，歌詞の変化に注目しておらず，冒頭部分のイメージだけで大雑把に書いたからでした。

　これまでにも「歌詞に登場する主人公ともう１人の関係は？」などのジャンプ課題に４人グループで取り組んできました。そのたびに，「根拠」をもって音楽について語ることを教えてきました。その「根拠」を楽譜（に書かれた歌詞）に求めるということについて，考える力がついてきていると感じました。音楽は感覚的にとらえるだけのものではなく，きちんと楽譜を視覚的にとらえ，歌詞からイメージを具体化するという本質的な学びによって，理解がより深まっていきます。　　　　　　　　　　　　　　　（相馬　孝洋）

| 1年 | 美術 | 文字とデザイン |

どんなデザインとも調和する文字を探そう！

　4人グループ学習では，自分とは異なる考えや，感じ方をもつ仲間の意見を聞くことで，より考えが深まるとともに，様々なもののとらえ方を知ることができます。

　この授業では，オリジナルのCDジャケットと教員が文字（書体）に手を加えたCDジャケットを用意し，生徒に比較させます。比較するときは，コの字型机配置で，お互いの反応を確認しながら素直な意見を出し合わせます。その後，4人グループになり，「どんなデザインにも調和する文字とはどういうものか」ということについて考えさせます。この過程で，これまで当たり前に読み書きしていた文字がもつ美術的な価値に気づかせていきます。

授業のデザイン（美術）

授業者　T1　芳野　汐理
　　　　T2　細野　麻純

1　学　級　　1年1組（3校時）

2　テーマ　　文字とデザイン

3　ねらい　　文字がデザインの1つの要素であることに気づかせ，どんなデザインにも調和する文字とはどういうものかについて考えさせる。

4　材　料　　提示資料（CDジャケット），教科書，トレース用のプリント

5　大まかな流れ（授業の構想）
【1stステージ（10分）】（4人グループ学習）
①文字（書体）が違ういくつかのCDジャケットを比較することを通して，文字がその他の要素と調和したときに美しいと感じることを体感する。

【2ndステージ（40分）】（4人グループ学習，コの字型机配置）
②「どんなデザインにも調和する文字とはどういうものか」について考える。
③レタリングの基礎となる，「明朝体」「ゴシック体」をトレースして自分の名前を描く。

6　「学び合い」で
　文字がもつ視覚的な効果やデザインの美しさを発見し，伝え合う。

1st ステージ

> どれが一番"美しい"だろう。
> また,その根拠が何なのかを話し合ってみよう。

　オリジナルのCDジャケットと,文字の書体を変えたCDジャケットをいくつか用意します。それらを見比べて,より"美しい"と感じるものを選ばせ,その根拠が何であるのか4人グループで話し合わせます。

S1　こっちが美しいと思う。
S2　こっちの文字の方が,背景と合っていていいよね。
T　　そういう表現を使うと,どうしてよいのかがわかりやすいね。

　美しさの根拠が,文字とその他の要素との関係性にあることは,どの生徒もすぐに気づきます。そこで,文字とその他の要素の関係性について4人グループで気づきを共有させ,より深く掘り下げていきます。生徒の関心は,どちらが"ホンモノ"であるかに向きがちですが,あくまで"美しい"という観点で考えさせることがポイントになります。生徒たちは,文字が背景（色）,写真,絵柄などと調和したときに美しいと感じることに気づいていきました。

2nd ステージ

> どんなデザインとも調和する文字を探そう。

1stステージで，文字が背景（色），写真，絵柄などその他の要素と調和したときに美しいと感じることに気がつきました。
　このことを踏まえて，2ndステージでは，「どんなデザインにも調和する文字とはどういうものか」を4人グループで考えさせます。
　実際の授業では，なかなか意見がまとまらなかったため，しばらくしたところで，コの字型机配置に切り替えて，教師がヒントになるような声かけをしました。

T　どんなデザインとも調和する文字は，いろいろなところで使われていると思いませんか？

　この言葉を聞いた生徒たちは，教室内を見渡し，教科書をめくり，あらゆる場所に書かれている文字の共通点を探し始めました。すると，多く使われている文字が大きく分けて2種類あることに気がつきました。
　教室の中から「どれどれ？」「これじゃない？」といった気づきが生まれたことを確認して，その2つの文字が「明朝体」と「ゴシック体」という書体であることを紹介しました。
　このように，書体を自分たちの力で発見したことで，生徒は達成感を味わい，書体についてさらに興味をもちました。教師は，正解を教えるのではなくそっと手助けをする，いわば美術館のキュレーターのような立場で生徒を見守ることが大切であると考えます。

　この後，自分の名前をトレースして書かせることで，書体の特徴を実感させました。トレースが取り組みやすい課題であったこともあり，どの生徒も真剣に自分の名前を書いていました。美術の学習としては，技能として生徒が身につけることも必要であるため，知識の習得の後，このように個人でじっくりと作業に取り組ませ，習熟をはかることも重要であると考えます。

（芳野　汐理）

| 1年 | 保健体育 | | 剣道 |

互いの技を確認し、助言し合おう！

　武道は，相手があっての競技であり，互いに打ち込み合うことで楽しさや喜びを感じるものです。したがって，ペアで打ち合っていきますが，はじめて取り組む生徒が多い実技において，相手の竹刀を受けながら，相手のすべての動きを確認するのは難しく，受けるだけで精一杯になってしまいます。そこで4人グループを取り入れることで，打ち込んだ時の姿勢や竹刀の動き，踏み込み足といったところを分担しながら確認し，互いに教え合わせます。どのように打ったら美しい一本になるのか，4人グループで試行錯誤しながら取り組むことができます。

授業のデザイン（保健体育）

授業者　荒木　恵子

1　学　級　　1年3，4組女子（4校時）

2　テーマ　　剣道

3　ねらい　　手首のスナップをきかせて，勢いよく正確に打てるようにする。また，素早く移動しながら，連続して打突できるようにする。

4　材　料　　竹刀

5　大まかな流れ（授業の構想）
【1st ステージ（20分）】（4人グループ学習）
①一本打ち（面・小手）の復習
②一本打ち（胴）の打ち方，受け方

【2nd ステージ（30分）】（4人グループ学習）
③連続打ち（小手，面，胴の組み合わせ）

6　「学び合い」で
・互いを尊重し，安全面を確認しながら，打ち込み練習に励む。
・互いの技を確認し，助言をし合う。
・連続打ちを行う際には，様々な組み合わせがあることに気づかせる。その組み合わせ方によっては，受け手も立ち位置を変えねばならなくなり，さらに課題の難易度が上がる。生徒は試行錯誤しながら，打ち方と受け方を学んでいくことになる。

1st ステージ

> 一本打ちの確認をしよう。

　はじめに，面と小手の打ち方を復習します。その後で，胴打ちに入っていきます。美しい一本を取るにはどうしたらよいのか，まずは有効打突となる条件を確認してから実技練習に入ります。

T　どのように打ったら，一本が取れますか？
S1　「面！」と言う。
S2　残心を示す。
T　有効打突と認められるのは，充実した気勢と正しい剣さばき，正しい体さばきができている場合です。「面！」「小手！」と大きな声で言いましょう。また，しっかりと竹刀を振り，正しい場所を打てているか確認しましょう。足の運びと打った後の姿勢も大切です。それぞれのポイントをしっかりと見ながら互いに美しい一本を打ち込んでいきましょう。

　この後4人グループになり，打ち手と受け手，その動きを見る人に分かれて練習をします。
　竹刀がどのような動きをしているのか，手は上がっているか，といったことは自分ではわかりません。それを確認し，アドバイスしてくれる人がいてこそ，美しい一本が打てるようになっていきます。
　面打ちと小手打ちの確認ができたら，胴打ちを行います。胴の打ち方と受け手の受け方も合わせて学習していきます。

2nd ステージ

> 連続打ちを行ってみよう。

　4人グループで連続打ちを行います。3人が受け手となり，1人ずつ順番に打っていきます。3連続の技を考えながら，学習に取り組んでいきます。

T　　小手，面，胴の3つを組み合わせた連続打ちを行います。どのような組み合わせができるでしょうか？
S1　面，面，面
S2　小手，面，胴
T　　小手，面，胴の組み合わせ方はいくつもできます。どのようなつなげ方があるのか試してみましょう。

　様々なつなげ方をしたときに，受け手はどの位置に立ったらよいのか，立ち位置も考えます。いつも同じ位置では打ちにくさも出てくるはずです。4人グループで話し合いながら連続打ちに取り組んでいきます。

> 胴打ちが続いたとき，受け手はどこに立てばよいのだろう。

　胴―胴が続く連続打ちにした際に，生徒は立ち位置で試行錯誤します。胴打ちの難しさに気づいたところで，もう一度，胴の一本打ちの動きを確認します。ジャンプの課題から基本に戻ることによって，その動きの理解を深め，また新たな探究心へとつなげていきます。

（荒木　恵子）

おわりに

　「二之江中学校はまだ大丈夫ですよ。だって，先生方にまだ笑顔が見られますから。本当に厳しい学校では，笑顔の余裕もありません」
　スーパーバイザーの佐藤雅彰先生が，講師としてお招きして間もない研修会で，そう仰られました。授業から逃避する生徒がちらほら見られ，50分の授業を「滞りなく」「普通に」終わらせることが容易ではない状況の中，佐藤先生からいただくアドバイスが希望であり，学校全体のシステムとして「コの字型机配置＋４人グループ学習」を構築してきました。
　この取り組みは，個人ではなく，学校全体としてシステム化されていることが最大の強みです。第２章で紹介した授業実践例は，毎日くり返される授業のほんの１コマに過ぎません。「今日はどんなアプローチにしようか」「こんなジャンプの課題でやってみよう」と教員全員が試行錯誤をくり返しながらよりよい授業を目指しています。ベテランと若手では授業技術の差はあるかもしれませんが，授業のデザインという視点における差はないと思っています。空き時間にふらっと授業中の教室に入ると，若手の先生が発する問いかけに生徒がぐいぐいと引っ張られている様子や，生徒のつぶやきに対し驚くような切り返しをする様子を見かけ，「はっ」とすると同時に「なるほど」と感心したものです。それを自分なりにアレンジし，経験というスパイスを加えて自分のものにしていく…。そのような繰り返しでした。
　「授業のデザイン」は，紙面で眺めるととてもシンプルなものであると感じられるかもしれません。あくまでも「デザイン」なので，そこに細かな内容は必要ありません。教師が敷いたレールに生徒を乗せるのではなく，その時々のつぶやき，疑問，興味を取り上げて展開していくのが目指すところなのでデザインはシンプルなのです。しかし，その時間のねらいや目標，到達点はクリアにしなくてはいけません。そのためには，膨大な引き出しや予想される疑問・展開をすべて頭に入れ，必要に応じて進むべき方向へ生徒を集中させていく技術が求められます。状況に応じ，１stステージと２ndステージを逆転させる取り組みもあります。そこに難しさがあり，「もっとうまくなろう」という気持ちも生まれてきました。

1枚のデザインを眺めて「この先生はこの展開でどんな仕掛けをしてくるのだろう？」と考え，違う教科でもわかる範囲で「自分ならこんなふうにやってみたい」とイメージトレーニングをしたうえで実際の授業を参観する。そのやりとりに，わくわくさえもしました。

　また，教科以外の時間（学活，総合的な学習の時間，道徳）でも「コの字型机配置＋４人グループ学習」を積極的に活用しました。校外学習や修学旅行などにおけるグループでの活動場面や，道徳で他者の意見を聞くような場面においても，積極的に参加しようという生徒の姿勢が見られました。

　全教員が授業公開をする研修会において，教科の枠は関係ありません。目指すのは，教科の専門性や特性を超えた「生徒全員の学びを保障する」ことであり，生徒への言葉かけや発問，声のトーンや教室内の雰囲気のつくり方など「生徒を感じられる教師としての専門性を磨く」ことだからです。

　筆者自身もまだまだ自己研鑽の最中です。二之江中学校で学んだ９年間の理論や技術，視点は，現場が変わっても十分に生かされるものと実感しています。授業改善や指導技術に対し，素直に誠実に，そしていつまでも柔軟性を持ち続け，さらに発展させていきたいと思っています。

　これまでの研修会において，多大なるアドバイスやヒント，我々の「なぜ」「どうして」「どのように」に的確な踏み台を提供してくださったスーパーバイザーの佐藤雅彰先生，永島孝嗣先生には伝えきれない感謝の気持ちでいっぱいです。ありがとうございました。

　最後に，授業改善には多くの理論や手法が存在し，それは少しずつ変化していくこともあります。ですから，この本に紹介しているのも，あくまで「二之江中学校がこう受け止め，こう実践してきた」というものです。そして二之江中学校はオープンな学校です。この取り組みが続けられたのも，視察に来てくださった多くの先生方からのご意見やご助言，先進校に視察した際に見せていただいた授業の数々があったからこそです。ぜひ今後も多くの先生方に取り組みを見ていただき，ご意見やご助言をいただけたら幸いです。

　2016年３月

　　　　　　　　　　　　　　　　　　　　　　　　　　　土屋　純一

【執筆者一覧】

はじめに　　内野　雅晶

第1章　　　土屋　純一

第2章
　国語　　荒井　亮　　　相原　武志　　石崎みよの
　数学　　志澤　裕将　　泉　泰弘　　　新井　真樹　　星野　和史
　英語　　中川　学　　　飯島　康浩　　鈴木かおる　　小澤　和枝
　社会　　田村　陽子　　三國　武　　　安西　純子
　理科　　荒川　篤彦　　小澤　忠雄　　久保田恵子
　技術　　吉見　啓佑
　家庭　　柳岡　まゆ
　音楽　　相馬　孝洋
　美術　　芳野　汐理
　保健体育　荒木　恵子

おわりに　　土屋　純一

【編著者紹介】

東京都江戸川区立二之江中学校
（とうきょうとえどがわくりつにのえちゅうがっこう）

〒134-0003
東京都江戸川区春江町5-3-1
TEL：03(3686)2281・2282
校長：内野雅晶

生徒全員の学びを保障する
コの字型机配置＋4人グループ学習

2016年4月初版第1刷刊 ©編著者 東京都江戸川区立
　　　　　　　　　　　　　　　二之江中学校
　　　　　　　　　　　　発行者 藤　原　光　政
　　　　　　　　　　　　発行所 明治図書出版株式会社
　　　　　　　　　　　　　　　http://www.meijitosho.co.jp
　　　　　　　　　　　　（企画）矢口郁雄（校正）大内奈々子
　　　　　　　　　　　　〒114-0023　東京都北区滝野川7-46-1
　　　　　　　　　　　　振替00160-5-151318　電話03(5907)6701
　　　　　　　　　　　　ご注文窓口　電話03(5907)6668
＊検印省略　　　　　　　組版所 株式会社アイデスク

本書の無断コピーは、著作権・出版権にふれます。ご注意ください。

Printed in Japan　　　　　　ISBN978-4-18-198518-9
もれなくクーポンがもらえる！読者アンケートはこちらから →

実務が必ずうまくいく 研究主任の仕事術 55の心得

藤本 邦昭 著
Fujimoto Kuniaki

Ａ５判／132頁
1,760円＋税
図書番号：1745

校内研修の計画書づくりから、研究授業、研究発表会のプロデュース、職員の負担感の軽減まで、研究主任業務の表も裏も知り尽くした著者が明かす、実務の勘所と必ず役に立つ仕事術。若葉マークの研究主任も、この１冊さえあればこわいものなし！

実務が必ずうまくいく 教務主任の仕事術 55の心得

佐藤 幸司 著
Sato Koji

Ａ５判／128頁
1,800円＋税
図書番号：0150

必ず覚えておきたい法規の基礎知識から、教育課程を円滑に編成するためのステップ、知っているだけで仕事が数段楽になるＰＣ活用法まで、現役スーパー教務主任が明かす実務の勘所と必ず役に立つ仕事術。若葉マークの教務主任も、これさえあればこわいものなし！

明治図書　携帯・スマートフォンからは **明治図書ONLINE** へ　書籍の検索、注文ができます。▶▶▶

http://www.meijitosho.co.jp　＊併記４桁の図書番号（英数字）でHP、携帯での検索・注文が簡単に行えます。

〒114-0023　東京都北区滝野川7-46-1　ご注文窓口　TEL 03-5907-6668　FAX 050-3156-2790

＊価格は全て本体価格表示です。

中学校数学科 学び合い授業 スタートブック

ペア,スタンドアップ方式,4人班でつくる！

武藤寿彰 著

先生が解説するだけの授業,生徒はウンザリしていませんか？

苦手な生徒のために丁寧に解説したら,最初からわかっている生徒だけ理解を深めていた。そんな授業に限界を感じたら,生徒の力をもっと活用しませんか。ペア,スタンドアップ方式,4人班の組み合わせで,基礎基本の習得から発展課題まで,あらゆる場面をカバーします！

Contents
- 第1章 なぜ,学び合いを取り入れるのか
- 第2章 学び合いのいろいろな形態
- 第3章 学び合いを位置づけた各学年の授業事例 (計22本)

136ページ　A5判　2,000円+税

図書番号：1844

明治図書　携帯・スマートフォンからは　明治図書 ONLINE へ　書籍の検索,注文ができます。

http://www.meijitosho.co.jp　＊併記4桁の図書番号（英数字）でHP,携帯での検索・注文が簡単に行えます。

〒114-0023　東京都北区滝野川7-46-1　ご注文窓口　TEL 03-5907-6668　FAX 050-3156-2790

＊価格は全て本体価格表示です。

中学校 学級づくり 365日の 仕事術&アイデア事典

玉置 崇 編著

アイデア満載！

学年別3巻
160ページ A5判
1,960円+税

図書番号
1年：1751　2年：1752　3年：1753

■見開き構成&写真多数で パッと見てわかる！
■節目ごとの担任のトーク例や 各学期の通知表文例も収録！

- ●なぜあの先生の**トーク**には生徒が耳を傾けるのか？
- ●なぜあの教室の**掲示物**には動きがあるのか？
- ●なぜあの学級は**合唱祭**に向かって日に日にまとまっていくのか？

うまくいくには**理由**(わけ)がある

明治図書　携帯・スマートフォンからは **明治図書 ONLINE** へ　書籍の検索、注文ができます。　▶▶▶

http://www.meijitosho.co.jp
※併記4桁の図書番号（英数字）でHP、携帯での検索・注文が簡単に行えます。
〒114-0023　東京都北区滝野川7-46-1　ご注文窓口　TEL 03-5907-6668　FAX 050-3156-2790

＊価格は全て本体価格表示です。